寫給
年輕人的
靜心課

카이스트 명상 수업 :
카이스트 학생들의 마음을
재건해준 명강의

超速高壓時代，
拯救無數學子的安靜力量

李德柱 이덕주 ——著
馮燕珠——譯

〈序〉

課程再次開始的理由

我在一九八八年到韓國科學技術院（以下簡稱KAIST）任教，工作了三十多年正準備退休時，在二〇一九年七月收到出版社的郵件，表示希望能出版有關「KAIST的靜心課」的書籍。我猶豫了很久，雖然開過這樣的課，但自認還不到可以出書的程度。同年十二月爆發新冠疫情，隔年三月造成全球大流行，一直延續至今仍未完全消停，誰也沒想到竟會持續這麼久，人類面臨被迫避不接觸的時代，整個世界都經歷了巨大的社會性變化。

我深切地感受到這種狀況造成了什麼影響，及對人們代表了什麼意義。我在線上教育機構「Coursera」開設的講座〈靜心冥想：實現人生目標的方法〉點閱率劇增，可以感受到全球許多年輕人面臨精神上的危機，急切地想尋找出口。而十多年前KAIST的那一天，也像現在一樣緊迫。

二〇一一年，KAIST陸續傳出學生以極端的方式結束生命，這一連串事件讓我回顧過去「靜心冥想時的我」。問了自己一個根本的問題：「爲了什麼靜心冥想？」我的答案並不是爲了幸福。我曾一度痛苦得想死，也經歷過人生的最低谷，但我非常清楚，無論多麼困難的狀況，只要一個轉念就能找到解方。就算現實條件再艱難，也不代表心靈一定會經歷痛苦。

只要心靈健康，在任何條件下都還是能找到幸福，發揮自己的才能。這是我最想告訴學生的話。

於是我在KAIST開設了一門人性教育課程，名爲〈現在是我人生的轉折點〉教導學生靜心冥想。於二〇一一年秋季、二〇一二年春季及二〇一八年，總共上了三個學期。記得當時雖然授課時間不長，但修這門課的學生都留下非常眞摯的課後感想，甚至還因爲無法再多上一點而感到遺憾。爲了找出當時學生的感想，我特地復原了之前的電子郵件。

逐一查找並再次閱讀學生們寄來的課後感想，即便是平常不擅表達情感的我也看得又哭又笑，想起與那些學生一起度過的時光感到很幸福，他們在郵件中不約而同都表達了自我回顧的時間太短。現在回想起來，那顯然是學生們自我省思的轉折點，但似乎沒能給予太多協助，課程就結束了。

於是我鼓起勇氣，決定寫成文字，希望讓有需要的人都能得到幫助，再現當時在KAIST的授課內容，以及自二〇一五年開始至今在線上進行的講座。寫作並不容易，但就像當時學生透過靜心冥想初次面對自己，給予我眞誠的回饋，現在我也藉此重新審視自己、坦誠面對自己。這是我生平第一次如此坦率吐露心中的想法，靜心冥想不僅改變了我的生活，更確立了我身爲學者應該具備的心態和目標，讓在理工領域的我，得以在KAIST和Coursera授課。

我的專長原本是在航空科學中教授旋轉翼（例如：直升機）這個領域的知識，後來進一步研究處理直升機和飛機噴射噪音的功率聲學。我很感謝協助我在這個領域能持續鑽研的前輩教授及KAIST，更感謝我的學生們。

屆齡退休，回顧過去從人性教育到無人機研究、災難預防等研究領域和活動中，我度過了人生最熱情、最有意義的時期。現在，我希望像古羅馬時代保護平民利益的護民官一樣，成爲「KAIST護民官」，幫助KAIST的師生們能夠擁有多一點的幸福。

自我省思是一件快樂幸福的事。接納並放下原有的自己，感受一點一點改變是無法比擬的喜悅。**越是回顧過去陌生的自己，就能越自由。幸福不是從外在求來的，而是源自於我們的內心。**

最重要的是，靜下心來透過靜心冥想可以了解身爲人的根本，自然能產生智慧過好的生活。不要感到意志消沉，人生只有一次，沒有誰生來是爲了過不幸的生活，任何人都可以幸福。前方一定有路，但只對走在這條路上的人有意義。希望靜心冥想可以幫助大家靜心轉念，成爲自己的老師，戰勝自我。

目次
CONTENTS

第二部　我的靜心冥想故事

第三部　靜心冥想的科學效果

第四部 需要靜心冥想的時刻

第一部

…

KAIST的靜心課

我人生的轉折點

ＫＡＩＳＴ事件和反思

發生在「韓國天才」身上的悲劇

二〇一一年，ＫＡＩＳＴ建校四十週年，卻發生了所謂的「ＫＡＩＳＴ事件」。從一月起，陸續有四名學生和一名前途無量的年輕教授做出了極端的選擇、結束生命，讓全校師生及教職員都受到巨大衝擊，面對一連串的悲劇不知該如何是好，全都陷入了不安之中。接下來還會發生什麼事？未來又該怎麼辦？感覺一片黯淡。

「就算遇到困難，也沒有時間和對象可以傾吐煩惱。在學校生活感覺一點都不幸福……」

校內貼著學生手寫的大字報，「不幸福」三個字一直印在心底。才剛成為大一新鮮人，就因為課業跟不上而結束生命，著實令人感到惋惜。記得那時，如果好幾天沒見到某個學生，都會莫名地擔心。

學校成立了緊急對策委員會，匆忙召開會議討論應對方案。四月七日，第四起悲劇發生。三天後，學校宣布全面停課兩天，各系所分別召集該系的學生，傾聽學生們的想法。除此之外，還將全校所有師生及教職員集合在大禮堂進行對話。這是KAIST建校以來首度停課，可見情況重大且緊急。

KAIST獨特的教學政策，從以前就一直同時存在贊成和反對兩種聲音。根據成績徵收學費、全英語授課，這些規定讓教授和學生都很辛苦。不論政策的優缺點，在實行過程中就讓不少師生感到吃力，然而，卻沒有人意識問題越來越嚴重。

KAIST面臨建校以來最大的危機。一九七一年，韓國政府以「培養成為產業中樞的高級人才」為主旨，成立了KAIST。許多頂尖優秀的人才蜂擁而至，歷屆畢業生為韓國產業貢獻了不少心力。一九九〇年初，在韓國政府強力的遷都計畫之下，KAIST校區在大田落腳，計畫打造成韓國的矽谷。

但是後來因為政府遷都政策改變，KAIST逐漸脫離政府的優惠，學校的名聲也大不如前。再加上亞洲金融風暴，理工科系畢業生求職不易，連帶造成理工科新生大幅減少，學校當然也受到影響。隨著大家對理工人才的排斥，KAIST爲了突破困境，展開強烈的「改革政策」。爲了因應國際化，所有課程都以全英語授課；學生成績沒有達到標準，就會取消原本學雜費全免的優惠，必須支付高額學費，這就是所謂的「懲罰性學費制」。

因爲規定全英語授課，所以歷史要用英語、哲學要用英語，甚至連國文也要用英語講課，這讓在非英語系地區取得學位的教授們非常辛苦，一名國文教授流著眼淚問要如何用英語教授國文？後來改爲除了國文和韓國史之外，其他科目仍需以英語教學。雖然似乎較容易被接受，但教授和學生，甚至外部仍不斷出現反對聲浪。在這樣的矛盾過程中，學生接連做出極端選擇，同時政府也進行嚴格的監查，令教授們感到很辛苦。

學生們意外的請求

在依系別與學生和教授對談中，各科系普遍接收到最大的爭論點是「放寬英語授課規定及撤消成績與學費連動的制度」，但是在我所屬的航太工程系卻出現了不同的聲音。當時擔任系主任的我在共同教室與系上兩百多名研究生、一百多名大學部學生和教授們對談，聽到他們眞實的心聲。

「希望可以進行預防自殺的策略和人性教育。」

尤其是大學部學生，大多數都提出這樣的要求，學生們非常迫切希望採取根本性的對策。當時的我沒有料到學生會提出這樣的要求，因爲這並不是各界討論的焦點，讓我感到非常意外。

學校方面在感受到危機後，在校園內強化壓力門診中心爲學生提供心理諮詢和憂鬱症治療的功能，學生諮詢中心的人力也大幅增加，還設立了新生入學後能順利跟上學業的「橋梁計畫」。在校園各處增設緊急聯絡電話，甚至在教學大樓裡還出現了麵包店，每棟建築物都設有咖啡廳，這些都是爲了讓學生可以隨時隨地緩解身心壓力而做出的努力，但似乎需要更積極、能夠眞正照顧心靈的方案。KAIST規定全體學生住校，對每天幾乎都以學習爲重的學生們來說，這是非常迫切的要求。但是突然間要進行人性教育，該如何將學生的要求與對策方案連結，一時之間讓人不知如何處理和茫然。

於是我開始找尋方法，身爲系主任，我認爲我有責任爲學生的人性教育打下基礎。於是我將學生的要求提交給校方，一一拜訪學校內的諮詢中心、壓力診所、領導力中心等單位。與學生生活組負責人、哲學系教授等見面，聽取他們的意見並請求協助。雖然像其他科系一樣，也從外界邀請專業講師舉行研討會，建立與學生之間的共識，但那都僅局限於單次的活動。

在拜訪諮詢中心時，負責人表示：「學生願意來諮詢中心還算好的，更多人是根本就不踏進來。」當時我就想不如把人性教育列爲科目之一好了，讓學生能夠自由選修，讓一直處於緊繃的神經得以緩解，如此一來，學校的氛圍也會改變。但是要尋找負責課程的教授卻有困難，同時還要思考是否在人文社會相關科系中開設課程？該開在哪個科系？這時領導力中心人員提出了建議。

「教授，您平常不是也會靜心冥想嗎？不如您親自授課吧。」

雖然我很清楚靜心冥想的效果，但畢竟這一直以來都只是個人興趣而已，所以我不認爲有資格可以授課。但在另一方面我也相信，目前這種情況下如果學生也能學習靜心冥想回顧自己，或許正是最適宜的人性教育。想到這一點，沒什麼好考慮了，對於渴望抓住任何一根救命稻草的年輕人來說，靜心冥想必能成爲一條結實堅韌的繩子！於是我決定自己出來開課。

就這樣，二〇一一年的「KAIST事件」讓我從航太科學跨足到人性教育。雖然一開始的出發點是爲了幫助學生，但在這個過程中，我反而又更深入地再回顧自己。事實上，當時我進行靜心冥想已經有很長的一段時間，不知不覺間有點懈怠。透過靜心冥想，我擺脫了幽閉恐懼症的心理陰影，找回身心的舒適和從容。靜心冥想對我來說就像是一輩子的朋友，是我生活中很重要的一部分，但也在不自覺中變得安於待在自我內在的舒適圈中。

更何況KAIST事件發生時，學生們因爲長時間處於痛苦中，剛開始並未產生太大的共鳴。老一輩的人則認爲現在的孩子們跟「想當年」的我們差太多、太懦弱了，用這種想法來自我辯解。雖然很擔心我們系上的學生會不會受到事件的影響，但那也只是如同照顧自己家人一般，以自我爲中心的自私想法。直到後來決定開課，在備課及上課時，和學生們一起靜心冥想，才再次深刻地審視自己，讓我再三思考自己的心態。

不能再耽擱了

那年一月的首起事件，那位做出極端選擇的學生曾被稱爲「機器人天才」。後來偶然得知，他曾報名了「大學生心靈修練營隊」，但來不及參加，不久後便離開了人世，當時的惋惜之情眞是難以言表。該名學生高中念的是職校，還沒畢業就申請KAIST，首度申請就通過審查錄取，令周圍的人大吃一驚。他從小學就在國內外各種機器人相關競賽中囊括大小獎項，高中時在國際機器人奧林匹克大賽上獲得第三名，是備受期待的英才。當時，對申請入學的學生進行連續三天的深度面談，我也是審查官之一。KAIST校方將具有潛力的人才稱爲「Rough Diamond」（未經琢磨的鑽石），該名學生就是將來必然大放光彩的代表性「Rough Diamond」。

他在入學時本來就是話題人物，接受了許多的採訪。記得在一次採訪中，他提到自己的夢想是製造像電影《鋼鐵人》中那樣眞正的機器人，他充滿霸氣地說：「我會讓大家親眼見到『無敵鐵金鋼』『合身戰隊美甘達V』。」但是在入學沒多久就因爲無法跟上學校的課程進度，成績下滑而非常痛苦。後來才知道，他爲了擺脫痛苦曾想過學習靜心冥想。這讓我意識到在這堂課程我必須全力以赴，那些孩子們不知等了多久，希望有人能幫幫他們。只要好好回顧自己，就可以克服難關，不能再發生令人惋惜的事，也不能再拖延了。

在申請秋季學期課程的最後一天，我提出了三學分的特別課程申請。課程主題爲〈現在是我人生的轉折點〉。這門課不僅是學生，也是我人生的轉折點。

每回開課時，國外大學尤其關心，這頗令人意外。因爲普遍認爲國外的人性教育比韓國更有系統、更普及。每當受到國外大學邀請參加研討會時，總是想學習當地的人性教育。因此，雖然我經常提出許多問題，但實際上更多時候反而是我分享KAIST的靜心冥想課程。雖然國外大學的情況似乎比韓國好，但看來人性教育不論在什麼地方都不是容易的事。

生活在這個時代的年輕人，誰都有機會成爲未來會發出耀眼光芒的「Rough Diamond」。只有幸福的存在才能燦爛奪目，幫助這片土地上的年輕人找到眞正的自己，成爲幸福的存在，我認爲這是畢生作爲理工學者，和年輕人一起度過大半輩子的我，在人生後半場以志願服務來回報這個世界的方法。

準備上課

回到初心

準備靜心課的心情和以往準備專業課程時截然不同，我從來沒想過有一天會開這樣的課。靜心課其實最適合在人文社會學系開設，但是在當時，能夠最快開設的科系是我所屬的航太工程系。因爲這是第一次開設人性教育課程，所以非常愼重和認眞。

我也思考根本的問題：「我在工程學領域教書是爲了什麼？只是爲習得知識嗎？還是爲了將來有好的出路？這就是全部嗎？」在準備靜心課期間，讓一切回到初心，讓我深入思考我爲什麼會開始靜心冥想？在課堂上應該怎麼做？如何引導學生？這些是自我來到這所學校、第一次站上講臺到目前爲止從未有過的反思。

我想起學習靜心冥想時的老師，他曾說：「我不是爲了培養弟子，而是爲了培養老師。」第一次聽到這話時，我有無法用語言表達的感動。當時教授靜心冥想的老師在辦公室裡貼著以「老師必須沒有……」爲開頭的詩。他們經常讀詩，回顧自己引導靜心冥想的初心。

「老師必須沒有私心，老師必須沒有教誨……」讀這首詩的時候，我也肅然起敬，似乎也了解爲人師者對待學生的眞心。在上課前，那首十多年前讀過的詩又浮現腦海。在教導學生時，深怕自己一不小心就會變得焦急或貪心。我怕自己會不負責任地傳達草率的想法，怕教給學生的是他們早已經會的事，害怕錯誤地傳達靜心冥想的本質。

老師教導、學生學習，這是理所當然的事，我一直都這麼認爲。從位階的角度來看，我在不知不覺間成了隨時隨地都想教導別人的人。總是用我的方式準備、講課、評價學生，認爲自己所做的一切都是正確的，自我默默容忍固有觀念、思維框架和局限。我重新回顧：對上課的學生了解多少？眞的知道學生們想學什麼？想要什麼嗎？我必須向學生們學習，放下固有的觀念，決心敞開心扉一起走下去。而這一切只有經常回顧自己才有可能，從我開始，靜心冥想成為每天必做的功課。

期待我的老師們

在籌備課程的過程中，得到校內許多教授和專家的幫助。我還聘請了著名的腦科學、哲學系教授和諮詢專家來講授，雖然只是單次的專題講座，但聚集了許多專業教授。雖然一開始並非刻意，卻在不知不覺間成了融合各科系的場所。

第一個邀請的是諮商中心的主任。經歷「KAIST事件」後，諮商中心的作用變得更重要。我以〈拜訪諮商中心〉為題邀請主任授課，他欣然接受了。也或許是因為那些諮商相關的小插曲讓學生們感同身受，所以受到很大的關注。

我還邀請了腦科學專業教授，靜心冥想與大腦的作用在學術界也是相當受到矚目的領域，靜心冥想過程在大腦出現反應，靜心冥想的效果也顯現在大腦中。KAIST原本就有幾位優秀的腦科學專家，像是鄭溶教授、鄭在承教授、金大植教授。我拜託鄭溶教授講授腦科學相關課程，我自己也是從那時開始對腦科學產生興趣。

另外還邀請了哲學系朴宇碩教授。從某種角度來看，研究「如何生活、如何解決人類苦惱」的哲學領域，可以說是最接近靜心冥想的學問。朴宇碩教授特別專攻二十世紀最著名的哲學家路德維希．維根斯坦的理論。從航空工程師成爲哲學家的維根斯坦，他的一生也給學生們帶來很大的意義。我也是學了靜心冥想之後，對哲學有了新的認識，還燃起兩者一起學習的想法。

另外，考慮到理工學系的學生普遍都是第一次接觸靜心冥想，還邀請了韓國科學史的專家申東元教授，了解祖先們是以怎樣的想法開創了天空和土地的科學、心靈如何與身體相連，以及科學和精神、心靈和身體在生理上的連繫。我把當時從教授和專家那裡學到的內容，努力寫進這本書裡。

各領域教授們的講座，是爲了幫助學生理解如何用心看世界，用心創造世界。透過這些內容，相信學生們可以理解回顧心靈的靜心冥想，與自己的人生和專業領域息息相關。靜心冥想是這門課最重要的核心，就算對世界的理解得再多，如果你不了解自己又有什麼意義呢？如果懷著不安的心、在壓力下感到吃力地生活，世界會是一片苦海。這就是爲什麼我們需要自我反省的人性教育。

我會靜心冥想，但我不是指導靜心冥想的專家。平常我也堅信靜心冥想應該尋求專家指導，自己再持之以恆。在課堂中即使是基礎階段，還是多少可以實行靜心冥想，是因為長期以來得到進行「淨空心靈靜心冥想」的專家們幫助。ＫＡＩＳＴ的學生不分年紀，都處於對未來的不安和看不見的競爭中，自己對成功的渴望，以及周遭人們的期待，比肩上的背包還要重一萬倍。靜心冥想不是靠知識理解，而是要用心去實踐和體會。如果學生們能夠透過靜心課了解壓力來源並找到適當的方法消除壓力，光是這樣就深具意義。

一切準備就緒，我很期待第一堂課的到來，內心非常激動，與那些將成為我的老師的孩子們見面的日子就快到了。

理工科系的第一堂靜心課

ＫＡＩＳＴ的第一堂靜心課，始於二〇一一年九月五日的秋季學期開始之時。那天我和往常一樣，穿著西裝、手裡拿著一杯咖啡走進教室。在ＫＡＩＳＴ創意館的階梯式教室裡，四十七名學生帶著好奇的眼神等待著我。這是理工科系首次開設的靜心課。令人感觸很深，我像第一次上課的菜鳥教授一樣認真準備，同時內心非常激動和期待。

這是在「航太工程特別講座」的科目中，以〈現在是我人生的轉折點〉爲題開設的。其他科系的學生也踴躍參與，不論是大學部，還是碩士、博士研究生，這門課都可以計入學分。雖然公告課程將以韓語授課，但也有幾名在KAIST留學的外國學生選修。反省自身和靜心冥想其實不太需要說什麼話，所以對外國人來說也完全沒有問題。雖然課程公告時間較晚，選課申請時間緊迫，但還是有許多學生帶著各自的期待選了這門課。

「感謝各位選修這堂課，我懇切地希望這堂課能成爲各位的人生轉折點。」

第一次上課，帶著眞心向大家初次問候。雖然想以聊天的輕鬆方式進行授課，但這並不是KAIST學生熟悉的上課模式。於是我在課堂上提了很多問題，每週都收到學生的課後回應。除了報告之外，還設計了電影欣賞和參觀畫展等作業。我很好奇學生們平時都在想些什麼，所以除了上課時間外，每週還會安排學生分組與我一起共進午餐或晚餐。有時在學校前面的啤酒屋或餐廳，有時遇到我出差而補課，也會在下課後的深夜時分，與學生們舉行小型派對。因爲全體學生都住校，所以才有這樣的機會。

上課的目標是「幸福吧，青春！」

這門課的目標是希望讓學生們幸福。二〇一一年是讓人不得不省思「活著是爲了什麼」的一年。所有的不幸都是從自己的認知開始，來自不同環境的學生不僅因爲彼此的行爲和想法不同而經歷矛盾和摩擦，同時還在不斷比較和競爭的情況下飽受痛苦。

KAIST是全韓國最優秀人才聚集的地方，也許正因如此，學生們反而容易覺得自己比其他人不足、自卑感重、因爲屬於「少數族群」而感到痛苦。還有必須比現在更成功的強迫觀念、結果不如預期就是自己未盡全力的自責感、對未來生活的不安和恐懼，這些全都一直埋在心底。不過，難道只有KAIST的學生才會這樣嗎？不，或許這就是生活在這片土地上大部分年輕人的苦惱和壓力。

已逝的過去和尚未到來的未來全都放在心底，背負著巨大的包袱，幸福對年輕人來說是遙不可及的事。幸福應在沒有壓力和複雜想法的狀態下才會產生，但年輕人卻連「想得到幸福」的心都沒有。所以第一步應該從認識自己開始，了解自己的心是什麼狀態？有什麼想法？了解我的心和想法及它們如何支配我這個人。

第一堂課

定義「心靈」

心的定義

我先請學生給「心」一個定義。以下是學生在正式開始上課之前，各自發表對「心」的看法。可以看得出來，學生結合自己的主修專業，用各式各樣的方式形容自己的心。

- 心猶如萬有引力，因爲欲望越多越強烈，就會再產生更多欲望。這與物體越重，重力就越大是一樣的道理。
- 心就像一棟混凝土建築，混凝土一旦倒塌就無法回復原狀。心靈一旦受到傷害也沒有辦法復原。

- 心就像電氣迴路中沒什麼用，只會吃電的電路。因爲心，長時間下來受了很多苦。
- 心如同遲滯現象，也被稱爲滯回現象，是指物質狀態並非只限定於現在所處的條件中，也會被過去的經歷左右。心也一樣，一旦出了錯，再回頭就會再出錯，無法再回到最初了。
- 根據一般相對論，質量的存在會改變自己周圍的時空。人的貪欲也會趨使周圍環境改變，把自己比作滿足貪欲的包袱。

學生們定義心是無法回頭的，且這頑固的心會影響周圍環境，無論如何都無法對抗。我想消除他們對心的各種誤會。

我首先告訴大家，**人生活在各自的心靈世界裡，所以看事情的觀點不一樣**。因爲觀念和習慣，每個人的心都變得很牢固，各自的想法不同，也很難理解別人。經過一個學期的靜心冥想，親身經歷變化，學生們看到了可以回顧自己的期待，以及只要拋棄頑固的心，就有改變的希望。

同樣的空間，不同的記憶

我出了個題目給學生，要他們用一句話描述我，然後在當天午夜之前用電子郵件寄給我。下了課，學生們回到宿舍，他們會想起我，寫下對我的印象，我很好奇他們會如何描述我，這個問題是關於觀點和記憶。看到結果後，會發現：即使在同一個場所和時間看到同一個對象，但每個人的描述卻像是看到不同的人一樣。以下就是學生們在同一堂課看到我的印象。

- 灰色夾克、黑色褲子、天藍色領帶。我喜歡天藍色的領帶，所以對此印象很深刻。
- 戴在左手的戒指讓我留下了深刻的印象。
- 教授邊操作 iPad 邊講課的樣子印象最深刻。可能是因爲第一次遇到邊上課邊使用 iPad 的教授。
- 我記得教授問一位女同學，星期一畢業照拍得怎麼樣。
- 記得教授拿著小小的麥克風上課，但手都不會抖。如果是我，手一定會抖到不行。

- 我記得教授總會不時確認外國學生是否理解上課的內容。

在下一堂課，我們利用 iPad 的拍照功能。iPad 的相機中有個溫度感知的功能，被攝的人體和周圍的溫度會顯示出不同的顏色，另外還有物體輪廓扭曲的功能。

透過同樣的鏡頭拍攝，套用不同功能，會拍出不一樣的照片；同樣的東西，每個人透過各自的眼睛看，再加上各自的想法，得到的結論就會不一樣，甚至可能帶著與現實完全不同的記憶生活。例如全家人一起去旅行，日後聊天談起時，雖然去的地點都一樣，但每個人感受不同，有時可能會覺得是不同的地方。身體在一起，心卻是分開的。**根據自己的心，看到的世界也會不同**。

即使眼睛只看了一秒，也會在大腦中留下印記、留在心裡。在留下的同時，大腦動員過去累積的經驗和觀念先進行過濾，把最後自己認爲眞實的樣子儲存在記憶中，這就是「記憶中的想法」。從前面學生們對我的描述中可以觀察到，記憶中的想法有以下特徵：

一、學生在各自的空間裡想起我這個教授的那一瞬間，在學生記憶中的並不是眞實的我。

二、每個人對同一件事物會以不同的觀念看待。這種觀點是以生活中累積的記憶爲基礎進行評價和判斷。

三、如果時間越久，累積更多記憶會怎麼樣呢？這時會加上其他觀念和情緒，想法會變得更堅定。

四、所以在我記憶中的照片都是假象，是扔掉就會消失的假象。意識到這一點就是開始靜心冥想的出發點。

我心裡投影的世界

上課時我經常讓學生看美術作品或照片，請他們說出想法或用文字寫下來。我讓他們欣賞過達利和梵谷的畫作，也展示過兩端都有渦輪螺旋槳的「傾轉旋翼機」*的照片，這都是爲了讓他們體驗按照各自的心態看待、感受、解釋的過程。

看到傾轉旋翼機的渦流**一位研修博士課程的外國學生說：「感覺就像一個

人的人生在原地踏步一樣。」他又說：「像傾轉旋翼機這樣的機械只能照著設計運行，但人即使停滯，仍具有逃脫的能力。」看來物理現象也適合用來解釋人的心。而另一位學生則說：「可惜的是，飛機的渦流經過一段時間就會消失，但人心中的漩渦即使時間流逝也不會消失，會一直持續。」

我們可以想想梵谷的作品〈星夜〉，夜空中閃爍的繁星對梵谷來說就像漩渦。不只星星像漩渦，樹、山也是漩渦。在他心中太陽是漩渦、月亮是漩渦、花也是漩渦，他自己也是漩渦。這是

* Tiltrotor，一種兼具直升機和渦輪螺旋槳飛機特性的垂直起降飛機。

** 在翅膀末端翻滾形成旋渦的空氣流動。指由於機翼頂部和底部的壓力差，高氣壓的空氣從機翼末端向低氣壓方向過渡而產生的空氣漩渦，龍捲風也是如此。

梵谷的〈星夜〉

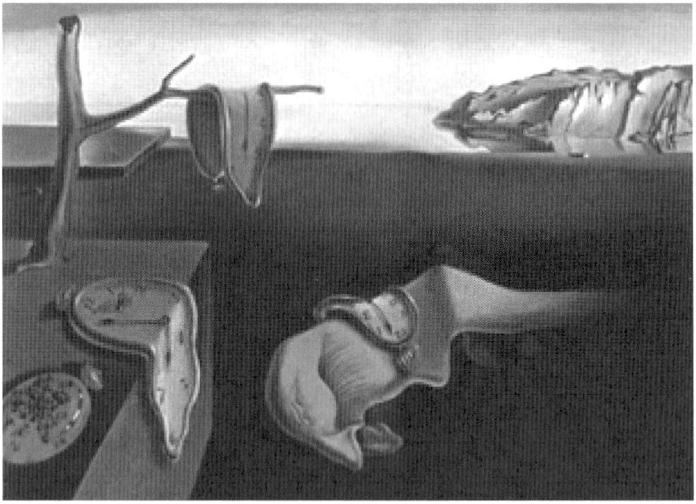

達利的〈記憶的永恆〉

我看到這幅畫的感覺。其實不管怎麼看，都沒有正確答案，看的觀點和視角就是你心裡的想法和感受，再根據生活中儲存的記憶來解釋。

看了達利的代表作〈記憶的永恆〉後，一位學生說：「我好像看到沒有自信，不管做什麼事都畏首畏尾，在意別人目光的自己。想要累積實力，眞的需要付出很多努力。」

但相反的，這幅畫把懷表表現得像乳酪一樣，給身爲理工學者的我帶來意外的靈感。三十年前第一次看到這幅畫時，我的視線停留在垂掛在箱子邊緣的懷表下方的皺褶上。當時我想到的與這幅畫毫無關係——雖說是聯想，但其實有些算是天馬行空。我當時聯想到的是：「如果直升機的螺旋槳旋轉打出的漩渦撞到下面的機翼，渦流會變成什麼樣子呢？」是維持美麗的螺旋形，還是會出現扭曲？甚至雜亂無章？會發出聲音嗎？我眞的很好奇，這是一個很難的數學問題。這幅畫讓我有一段時間持續關注航空領域關於渦流的研究。

這幅畫除了帶給我學術靈感，還讓我從另一面審視自己。一邊靜心冥想一邊回顧我的記憶，發現眞的很執著、很頑強。小時候的記憶成爲心理創傷，讓我吃了十多年的苦頭。看著被過去束縛而無法輕易擺脫的自己，記憶眞的是很固執的東西，所以我自己把這幅畫稱爲「記憶的執著」。

無論如何解讀，我們似乎都可以透過這幅畫感受到藝術家的潛意識和人類痛苦的一面。超現實主義者用文字或圖畫表現記憶中流淌的潛意識，或許在投入的瞬間，就像經歷喜悅之情溢於言表，但是很快又回到現實的痛苦之中。無論是不是藝術家，都會因爲這種無法自覺的無意識而遭受痛苦，這一點所有人都一樣。我認爲只有透過靜心冥想，拋開固有的心，才能從這執著的記憶中解脫。

用工學原理來解讀「心」

我想了很久，要怎樣才能向學生們好好說明解讀我們的心。對我來說，用航太工程原理爲例進行說明是最容易的。隨著進行靜心冥想，我們越了解內心，就越能領悟世界的道理，航太工學的原理也煥然一新。沒有什麼不是從心而起，將習慣的原理慣性法則以飛機的軌道比喻進行說明，學生們很容易理解。習慣也會遵循慣性法則，就像**物體的重量越重，要改變速度和方向就會越費力；心的分量越重，習慣就越難改變**。

關於壓力，我用飛機機翼承受的重力來解釋。機翼承受了機身重量，這就是飛機的壓力。如果說萊特兄弟製造的第一架飛機，當時機翼承受的壓力是一，那麼最新的超音速戰鬥機承受的壓力就是它的一百倍，波音七四七巨無霸噴射客機的壓力是一百三十四倍。在受到如此大的壓力之下，要飛得更快、更遠、搭載更多人在天空翱翔的秘訣，就來自於能夠承受外部壓力的最新複合材料。人們使用重量輕但比鐵更堅固的新型材料，克服了飛機的壓力。**就像飛機會改變以減輕本身的重量一樣，人也需要努力才能改變自己的心。**

而改變也要分階段，並非一蹴可幾，這個就用太空梭發射的原理說明。從地球到外太空，如果不分階段，很難脫離大氣層。太空梭發射後，第一階段的火箭推進器會脫落掉到海上，接著第二階段的火箭推進器被點燃，在到達某個高度時也會分離。第三階段就是人造衛星或搭載太空人的太空載具，也就是俗稱的太空梭，體積較小，一旦脫離了大氣層，就可以不需能量持續飛行。

就像火箭推進器要戰勝地球引力、脫離大氣層一樣，人要超越自身內心的引力，也需要循序漸進。以這樣的說明方式可以幫助學生客觀地檢視自己背負的心理包袱。有些學生反應，從中對應自己的狀態得到了安慰，感覺像是看到擺脫壓力的

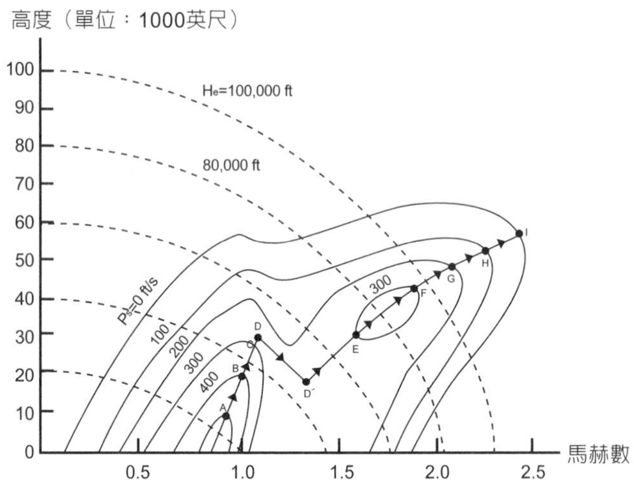

圖1-1　超音速戰鬥機的軌跡

希望。

超音速戰鬥機在極短時間內快速升空的原理也讓學生產生同感。一旦出現敵機或有任何狀況，戰鬥機都必須以最短時間升空捍衛國家領空。快速升空的方法是先向上爬升，到達一定高度時降低機首。雖然乍看之下似乎是犧牲了高度，甚至往後退，但是降低高度就可以用能量衝破馬赫（音速）的壁壘，再次更有力地爬升。

上面的圖1-1①顯示超音速戰鬥機飛行時最快到達高度的軌跡。橫軸代表速度的馬赫數（馬赫數＝速度／音速），縱軸是高度。有箭頭的粗線是飛機的飛行軌道。飛機隨著速度越快，高度就越高，在一．〇馬赫附近越過阻力突然增加的馬赫牆，在D點降低高度。然後持續降低高度，在經過D'時再次爬升飛行，以最快的時間到達目標I點。

我們的人生不也是這樣嗎？**就像青蛙在跳躍前會蜷縮身體一樣，短暫停留回顧後，再重新向前躍進**。以下是某個學生在上完課後的感想。

▽▽教授講課的內容中，讓我至今仍記憶猶新的，是以飛機快速爬升高度為例的說明。讓我領悟到不能只是盲目一個勁地提高速度往上衝，當到達一定速度時，就要先降低，然後才能爬升。進入研究所後，我感覺到自己似乎停滯不前而苦惱。這個飛機爬升的例子和我的狀態很類似，讓我從中得到慰藉。這是我進入研究所後最大的改變，讓我變得比最初預想的更積極，對未來生活也充滿了希望。（李錫英）

我在課後進行問卷調查，問學生：「阻礙我變化的重力是什麼？」大多數的回答是「擁有過去記憶的我」「現在的習慣和自卑感」。學生們開始意識到**變化要從「自己」開始**，同時也更了解需要自我省思的理由了。

靜心冥想

自我理解練習1

因觀點而異

掃描旁邊的QRcord，就會連結到英國代表性媒體《衛報》在一九八六年推出的廣告「觀點」。被譽為年度最佳廣告之一，正說明了觀點的重要性。

影片一開始的角度，可以看到一名光頭男子似乎在逃跑；換個角度，鏡頭從光頭男子背後拍攝，看起來他好像想搶另一個戴帽子男人的包包；第三個角度，鏡頭由上往下拍攝，看到光頭男子似乎是為了救戴帽子的男人。由此可知，根據觀點不同，對情況的解釋也會完全不同。那麼，我眼中看到的世界就是正確的嗎？

第二堂課

自我回顧

答案就在心裡

人們即使感到不安和擔心，也認爲那是一種過程，感覺像放棄了心而活。每個人都會感到不安，而這不安從何而來？其實就在自己心底。回想一下在生活中感到不安的時刻，有各式各樣的狀況，例如工作完成期限逼進、考試前一天仍未準備好、對該做的事求好心切等等。如果能做好該做的事，充分準備，消除不安，那麼努力就一定可以完成目標，但是不安就像川劇中的「變臉」一樣，隨時都會以不同面貌出現。不知何時以何種型態出現不安，其根源就是我們的心。

重要的是我的內在有什麼，是充滿了積極的心態，還是消極的心態？這顆心不在別人身上，是屬於我的，而且不只會反覆思考，連行動也會習慣性地重複，我所做的想法和行動會原原本本地留在我身上。此時此刻，那顆心就在我體內，值得慶幸的是，有辦法可以消除我們內在的東西。**消除，是我們重新開始的希望**。這是當時學生們在艱難的狀況下透過KAIST的課程，開始回顧自己的時候看到的希望。

上過靜心課的學生們回應道，意識和觀點產生了變化，生活也有所不同，實際上在課業方面也有助益。一次在學期結束後，有個機會親耳聽到靜心冥想課學生的感受。

「上完課後，我大四下學期的成績拿到四．〇（最高五分），這是我入學以來第一次得到這麼高的分數，我想這是因爲我學會了如何不再感到徬徨，專注在自己身上的緣故。」

最令我高興的就是學生「不再徬徨」。雖然隨時都有可能再度面臨各種狀況的衝擊，但只要能馬上穩住自己的心，就沒什麼可以打倒我。我相信「心」是一切的力量。

如果有人問：「人生在世到底想做什麼？人生的目的是什麼？」你會怎麼回答？有人會說「想成爲有錢人」「想成爲專家」「想進大公司」「想要成功」；也有人會說「想擁有積極的心態」「想擁有很好的人際關係」「想無憂無慮、沒有壓力的過日子」「想擺脫不安」等。

無論對未來抱著什麼樣的期望，或者想改變現在的樣子，都有一個共同點，就是這一切取決於「我」。爲了實現未來願望而努力的是「我」，需要改變的也是「我」。雖然愛因斯坦說過：**「天下最愚蠢的事，就是每天不斷重複同樣的想法、做同樣的事，卻期待有一天會出現不同的結果。」**但是如果能回顧有著相同想法和行動的自己，就能知道阻礙改變的原因了。

你對自己有多了解

現在就來探索一下我們的內在吧。你對自己有多了解？我在教學過程中了解，人們其實對自己如何生活並不好奇。雖然想實現夢想和目標，想過好的生活，但似乎並不在意是否正確理解自己現在的狀況和心境。

在理工領域中遇到難題時，最先做的就是找出問題的原因，尋找並理解：是設計的問題？還是組裝過程出了差錯？找出問題一開始出現的節點。人這個存在是從過去延續至今，而成爲現在的「我」，從過去的痕跡可以看出現在的問題。進一步來說，**當內在全部清空時，還可以發現實現目標的潛力**。

最了解自己的應該是自己，但你究竟對自己了解多少呢？在實驗室和學生們進行研究時，幾乎沒有人想過自己爲什麼有某些想法和價值觀，不曾探究過喜歡某樣東西的理由。如果要他們寫出自己擅長的事、形容自己是什麼樣的人，我想很多人都寫不出來。雖然都有夢想，但不知道自己爲什麼有這樣的夢想。

反而是一直關心自己的家人、朋友、鄰居可能更了解我。因爲他們很清楚我有什麼習慣、什麼愛好、討厭什麼，他們可以客觀看待我這個人，但我們常誤以爲很了解自己。當然，最了解我的人應該是自己，但這也只是「我」的想法。如果你從未回顧自己，你就該承認別人更了解你。自我回顧是客觀觀察「我」的過程。

反覆與自我回顧的意義

實現結果的最佳武器是反覆。反覆是熱情、信念、極致的另一種代名詞。如果我們能客觀地審視自己，就會以完全不同的觀點看待自己的人生，所以必須反覆持續。雖然科學實驗可以在同樣的條件下數次再現，但生活無法回到過去。如果我們時時回顧自我，就能理解自己，也會發現自己的潛力。遇到問題，也可以迅速找出問題的原因。

有些人對過去感到高興的事，現在也覺得開心；過去傷心的事，現在仍覺得難過。對於遺憾和後悔的事，直到現在還是會感嘆和惋惜。

但是塞翁失馬，焉知非福，現在的不幸並不代表永遠不幸；同樣的，雖然現在感到幸福，卻也無法保證明天會如何、一年後的我又會怎麼樣。但有一點是明確的，**不管是美夢或惡夢，只有從夢中醒來，才能清醒地生活；只有擺脫過去，才能走向新生活**。

回顧自己，就會面對現在，可以看清楚我想要的未來與現在之間的差異。了解現在的模樣，就不會夢想虛幻的未來。消除空泛的泡沫可以縮小未來和現實的差距，如此一來，就能看到被遮蔽的東西，了解被掩蓋的事實。自我回顧就是改變人生的第一步。

瀏覽人生圖表

從人生圖表可以了解你是如何看待自己的人生，有助於回顧自我，因此在靜心課初期，我便介紹給學生。人生圖表通常在心理諮商方面使用較多，雖然不是正式的自我回顧，但可以輕鬆瀏覽過去的生活軌跡，幫助我們簡單回顧並客觀看待自己的人生。

•使用方法

按年齡順序，回憶一下在那個年紀時的生活滿意度。橫軸爲年齡，縱軸則根據自我滿意度標註分數（最高十分，最低負十分），並簡單寫下理由，最後把標記的點連起來，就可以看出走勢。

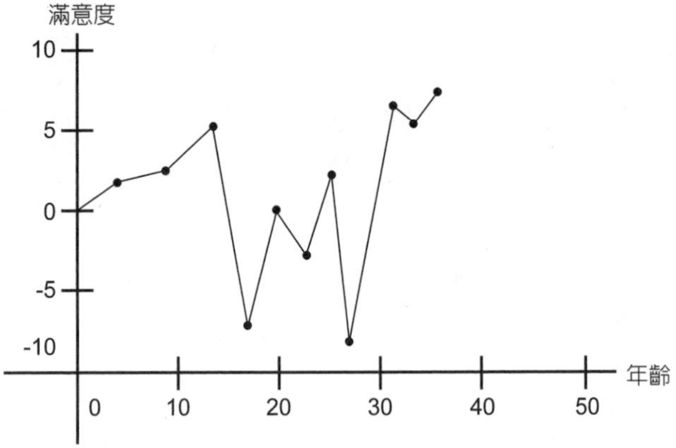

圖1-2 人生圖表示例

• 示例

以下是一位三十多歲男性的人生圖表。

五歲：（二分）記憶中當時很不想去幼稚園，不過大致上過得還不錯。

十歲：（三分）交了一群好朋友，每天都玩得很開心，感覺自己挺有大將之風。

十四歲：（五分）無心學業，談了人生第一場戀愛。

十八歲：（負七分）與初戀女友分手。學業和愛情都失敗了。

二十歲：（〇分）服兵役，意外適應得非常好，甚至考慮轉爲職業軍人。

二十二歲：（負三分）因父母反對從軍，退伍後去補習班苦讀重考大學。

二十五歲：（三分）進入理工大學，對學習產生了興趣。

二十八歲：（負八分）就業不順，還發生了交通事故。深深領悟到沒有健康的身體，什麼也做不了。

三十一歲：（七分）身體穩定恢復順利。

三十三歲：（五分）取得物理治療師資格證照，順利進入療養院就職。

三十六歲：（八分）結婚。工作和家庭都很穩定。

• 意義

回顧一下：在自己人生最低點時發生了什麼事？如何重新振作？想想不如意的時期，自己如何擺脫困境：是時間解決一切嗎？還是在誰的幫助下度過困境？經過那個時期後現在的狀態又如何？

按照年紀畫出的人生圖表，會顯示出人生曲線；以十分到負十分，給自己的人生打分數，代表對過去的評價。換句話說，評價是站在自己的立場、以自訂的標準評斷。或許改變不了人生遭遇的環境或條件，但是透過靜心冥想，讓自己的心產了改變，那麼看待人生的角度也會發生變化。

靜心冥想

自我理解練習2

畫出我的人生圖表

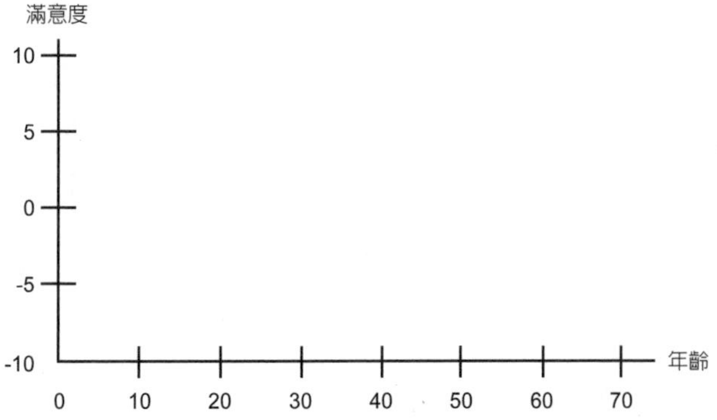

讓我們透過人生圖表簡單檢視我們人生的滿意度。

想一想：判斷人生滿意度的標準是什麼？是對幸福的感受？還是別人的目光和評價？人生必然會發生很多意想不到的事，而我們會發現，自己在事件中自己的反應，經常會被周圍和他人左右。

由此可見，在生活的過程中，當時的滿足感和不滿足感都原封不動地保留下來。世界不停改變，若我們的內在沒有跟著變化，一切都沒有意義，只會一直怨天尤人，埋怨世界對我不公平。但真正的答案就在我們的心底。

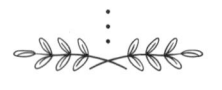

第三堂課

心就是我的人生寫眞

心是過去人生的記憶寫真

我在練習靜心冥想時，第一次聽到「心就是人生寫眞」這句話，回顧在我體內儲存的照片是靜心冥想的開始。想起來的並非要馬上丟棄，但是想不起來的，因爲也不知道有什麼內容，所以也無法拋棄。一開始進行靜心冥想時，會突然想起一些東西，那些都是在我內心裡的東西。想著想著，過去的事就浮現眼前，像照片一樣。

回顧自我，就像看著鏡子裡的自己。我的內在，別人看不到，但並非永遠不會知道，因爲我們會不自覺地將自己的心用言語或行動表達出來，這無異於把自己介紹給別人。別人可以清楚地看到我的內在，而我卻不自知，這或許就像電影《楚門的世界》裡的主角一樣，在眾目睽睽下生活，自己卻未察覺。因此若能透過靜心冥想回顧自己，不覺得是很幸運的一件事嗎？

我們腦中浮現的並不只是單純的照片，還會加上自己的情緒和想法。想到美麗的照片心情會很好，想到不好看的照片就會覺得不開心。浮現憂鬱的照片時，心情就會低落；負面的照片越多，不管看什麼都覺得礙眼。每一張照片都是心中的想法和感受，那是在不知不覺中，將當下自己的心所到之處看到的事物，原原本本地捕捉起來，儲存在心裡。

生活中，人會照著自己心裡的想法說話、行動。具體形容的話，可說人是照著過去人生中所拍攝照片而生活的奴隸，所以不管有多麼想按照自己的意志生活，也無法如願。

我內在的這些照片都是假的，雖然把眞實情況複製拍下，看起來栩栩如生，但那只是照片，不是眞實的。我說昨天吃了一顆熟成紅透的蘋果很香甜，過了一天後的今日，再回想那顆蘋果，可以想像圓潤飽滿的外形、甜美的味道、清脆的口感，口水忍不住要流下來了。但我腦海浮現的蘋果是眞的嗎？是實體的嗎？腦海中浮現的蘋果是存在記憶中的照片，是假的、虛幻的。

內在照片帶來的壓力

前面提過我出了個作業給學生，要他們用一句話形容我。那堂課有多少學生，就有多少以不同觀點爲起點所拍攝出的「我的樣貌」。這是一門透過不同角度和觀點，傳達我們生活在不同心靈世界的課程。透過這堂課，學生們應該要意識到，不管如何描述我的樣子，重點是學生們所想起「記憶中的我」只是照片，而非眞實。這段期間所看到、經歷過的一切都成爲我內在的照片，而且並非只是靜靜地貼在相簿裡的照片，這照片裡包含了喜悅、悲傷、憤怒、擔心、壓力等各種情緒，以及觀念、是非、分辨和判斷。「照片」又叫作「寫眞」，意思是「複寫了眞實」。但爲什麼我們要因爲自己內在的照片又哭又笑，在壓力下生活呢？

我的心不是眞的，是假的，所以人生是虛無，所以人生被稱作是一場夢，是泡沫、浮雲。無論怎麼塡補仍感到不足，是因爲我的內心充滿了假照片的飢餓感。虛妄的想法，也就是欲望，是永無止境的。輸入到我的大腦的一切都是過去人生的照片，而這些形成了我的思考方式、固有觀念、偏見和心靈世界。眞實的世界是另一回事，我拍下世界的照片，然後生活在照片中的世界、心靈的世界裡，並相信這個假想的世界是眞的。這是人類問題的根本。

因爲內在的照片，我們沒有一天舒心自在。如果討厭的人的照片在心裡，那麼一看到那個人就會產生討厭的心情。這與意志無關，是身體會先反應。從科學的角度來看，這是自然現象——共鳴或是共振的原理。每個物體都具備固有的振動頻率，當受到外部固有頻率相同的事物刺激時，物體就會動得很激烈，即共振；發出聲音，就是共鳴。共振現象在心靈和身體上也會發生，憤怒也一樣。我內在的照片因爲外在條件的趨動而凸顯，照片越清晰，人就越會做出與意志無關的行動。

意志沒有形體，但是我們可以回想一下那些影響意志的照片。我拍攝的人生照片不會消失，也不會腐爛。令人惋惜的是，越是小時候的記憶照片，保存得越清晰。因爲孩童時期大腦很單純，沒有太多複雜的想法，所以看到、聽到的內容會原封不動地刻印在腦海裡。小時候聽到的故事和所見所聞、經歷過的事都會根深蒂固地儲存起來，左右長大後的人生。那麼這些心中的照片，讓我無法隨心所欲照自我意志生活的照片，該怎麼辦才好呢？

拋棄儲存在大腦的照片

浮現在腦海裡的只會妨礙我們眞實地看待現實，不僅如此，內在照片本身就是雜念和壓力。壓力日積月累，生活就會變成一片苦海。

儲存照片的大腦會產生什麼影響，我們舉個例子來說明。血管裡的紅血球負責很重要的工作，會在血管中流動，透過微細血管過濾細胞的代謝物，並提供氧氣。基本上紅血球比微血管大，當紅血球要通過微血管時，會因爲通道狹窄的緣故而變形，而且必須一個一個通過。如果紅血球凝結，就無法通過微血管，也不能搬運廢物，更不能提供氧氣。這麼一來，細胞功能必然下降。如果細胞內堆積過多應該代謝卻無法代謝的廢物，身體的免疫力就會下降，引發疾病。

如果大腦裡的想法太多會怎麼樣呢？雖然無法從物理上判斷想法的大小，但很明顯必然會妨礙大腦的功能。打個比方，想法就像大腦裡的殘渣，如果能夠好好清理，沒有廢物的大腦就能做出合理的推論和判斷。也就是說，想法的垃圾消失了，精神的免疫力也會提高。**如果有太多雜亂的想法，心靈就沒有空間和餘裕，執行力也會下降。**

當我們回顧自己時，會有欣慰的時候，也有高興、後悔、憤怒的時刻。這時我的心是大是小？我的心有多少空間和能量可以運用？《小氣財神》裡的吝嗇鬼史顧己在看到自己赤裸裸的樣子後，一夜之間完全改變；但我們並不會因爲看自己一眼就改變。不過透過回顧和拋棄自我，我們可以找到人生的方向和問題的線索，可以客觀地看待自己，拓寬想法的範圍，可以從只有自己的狹隘心態變成關照他人的寬容的心。刪除內在照片就是擦亮心靈，隨著照片的消失，會逐漸找到內心原本最眞實的面貌。

靜心冥想

自我理解練習3

錯覺現象——不可相信人的眼睛

1. 下圖來自於德國的一本雜誌，因受美國著名的心理學家約瑟夫．賈斯特羅引用，同時維根斯坦在自己的著作《哲學研究》中也提及而名聲大噪。

有些人看到鴨子，有些人則看到兔子。根據個人視角的不同，看到的內容也會不一樣，所以不能斷然主張自己才是正確的。

2.以下第一張圖是「繆萊二氏錯覺」。兩條線長度其實相同，但看起來不一樣長。第二張圖是「咖啡廳牆錯覺」。乍看線條和方塊扭曲傾斜，但實際上它們都是平行的。由此可見，我們平時根據眼睛（大腦）的判斷存在多大的錯誤。

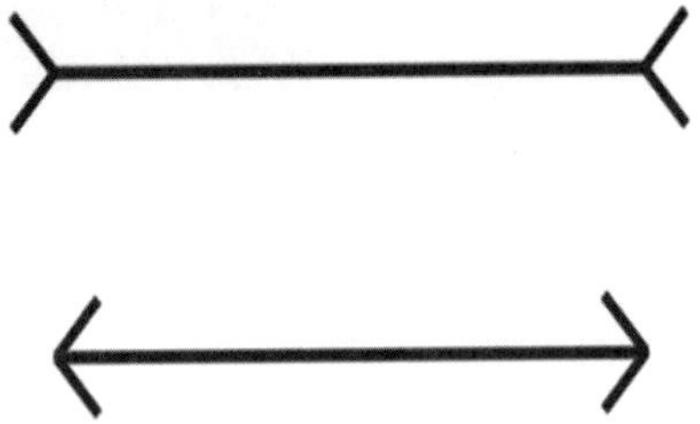

繆萊二氏錯覺

咖啡廳牆錯覺

3.「馬赫帶效應」是以奧地利物理學家和哲學家恩斯特・馬赫命名。將色塊依照亮度順序排列時，與亮處相接的部位看起來更亮，而與暗處相接的部分則更暗。這是一種名為「側抑制」的神經元活動而引起的錯覺現象。

4.這也是廣為人知的錯覺現象畫作。一九三〇年，美國心理學家埃德溫・波林在發表的論文中引用這幅畫而開始出名。有人在這幅畫中看到一個老奶奶，也有人看到的是妙齡女子，不可能同時看到老奶奶和年輕女子。人只會看到自己想看的東西，因此在日常生活中我看到的不一定就是正確的。

第四堂課
改變我人生的靜心冥想

自我回顧與靜心冥想

我所開設的靜心課，內容爲靜心冥想的入門課程。尤其是二〇一一年秋季所開的第一堂課〈現在是我人生的轉折點〉，爲了讓學生們透過觀點或視角的差異了解自己的心和想法的本質，我下了很大的工夫。當然，每次上課都會進行短暫的自我回顧和靜心冥想。

二〇一二年春季所開的課，以〈探索人類本性，恢復人類本性〉爲主題，對人的心靈和本性進行理解。爲了擺脫觀念、習慣和壓力，更注重靜心冥想，並應學生們要求，增加靜心冥想的比重。

依照課程規畫，靜心冥想的時間其實很短。三學分的課，每節課一小時十五分鐘，一週二次，爲期十五週。除去期中考、期末考週，眞正上課時間約十二週。期中考後進行十五～三十分鐘的靜心冥想。二〇一八年的教養課〈靜心冥想：實現人生目標的方法〉共進行了十週。雖然是很簡單的靜心冥想，但還是讓學生們體驗到消除雜念、靜心的效果。就算沒有專門的靜心冥想室，學生們在教室裡依然很順利地進行。有人閉著眼、有人睜開眼，也有趴著看起來像打盹，不管以何種姿態，大家都集中進行靜心冥想。

靜心冥想的原理

爲了清空心靈、找回平靜，首先需要回顧自我。從小時候的記憶開始，按照時間順序回顧。像是這一路以來遇到的人，看到、聽到、經歷、留下印象的事。時間太久一時想不起來沒關係，模糊不清也無所謂，就這樣一一從過去回顧至今。

人從出生以後，就開始把自己所見所聞、經歷體驗過的事裝進心裡，像照片一樣儲存在大腦中。因爲已經過去了，所以只放在心底，而刪除這些假照片，就是清空心靈的靜心冥想。

一、人心形成的原理就和照相機原理一樣。

二、用照相機拍攝事物，可以留下照片。人類用眼睛、鼻子、嘴巴、耳朵，全身感官體驗到的，像鏡頭一樣捕捉起來，儲存在心裡。

三、現在閉上眼睛想著「花」，應該很簡單吧？那就是儲存在心裡的照片，只要把照片刪除就消失了，就像把花（照片）丟進垃圾桶一樣。

四、消除的方法主要有清空心靈的階段、拋棄根深蒂固習慣的階段、消除心靈世界的階段。

五、從小到大一起生活的家人、和朋友吵架、對初戀的回憶，生活中的壓力、擔憂和辛苦的所有瞬間都儲存在我心裡。這些照片讓我感到難受，如果不不消除，會一輩子都被束縛。

靜心冥想可以清除囤積在內心深處的東西，讓心變空。如果淤泥都沉在池底，或許從表面來看池水很清澈，但只要一攪動就會變渾濁，心也一樣。要把水和淤泥

都清空，才能再注入乾淨的新水。拋棄心裡原有的一切，就能找回我眞正的模樣。

如果連「我」也消除，就只會留下本性。②

回顧人生就像看一部電影，可能是短篇，也可能是長篇。這部電影的主角是自己，製作人和觀眾也是自己，因此沒什麼需要多加修飾，也不需要假裝，別人絕對看不到，因爲這是我創造的，只屬於我的心靈世界。只要大略地看過這部電影，就能知道我過去的人生像化石一樣，按照年代保存得很好。人生在世，走過的痕跡都刻印得很深。

但就算知道我的內在儲存著一部電影，也無法知道我全部的樣子。就像閱讀文章和理解內容是有差異的。或許一開始想不起那些儲存很久的照片，有些生活的瞬間想忘記，有些根本就不想成爲記憶。但那些照片都是假象，按照靜心冥想的方法浮現再拋棄就會消失。只有拋棄過的人才知道，那些照片一一被清除後的舒適和幸福。

靜心冥想

自我理解練習4

電影般的心靈世界

有人說人生就像一部電影，電影就是我們生活世界的縮影。無論是不是虛構的，透過描寫某人生活的電影，可以客觀看待我們的心靈世界。在此推薦《王者之聲》，可以讓人思考童年記憶對生活會造成什麼影響。我在課堂上與學生們一起看這部電影，讓大家回顧自己從小就有的想法、思考方式和習慣，如何束縛現在的生活。

這部電影講述了英國女王伊麗莎白二世的父親——喬治六世國王的真實故事。喬治六世（柯林．佛斯飾演）患有嚴重的口吃，他的語言治療師萊諾．羅格說：「沒有人一出生就註定口吃。」引導國王回顧童年，喚起喬治六世小時候受到奶媽虐待的記憶，因為是左撇子被強迫糾正，狠狠訓斥；為了矯正內八的腳，日夜都把鐵製的夾板綁在腳上，飽受痛苦。隨著逐漸相信自己原本講話不會結巴，喬治六世展開治療。最後消除童年創傷的喬治六世在第二次世界大戰爆發後，首度對英國人民發表一場出色的演講，正式向希特勒宣戰。

第五堂課

靜心冥想帶來的變化

美好的回憶也必須拋棄

清空內心、拋棄內心、擦拭內心——修飾我們內心的詞很多，但很少有人能確切地知道「心」是什麼。過去的人生照片是心，是壓力。任何人都有心，這個心有時會高興得飄飄然，有時又會變得很安靜；有時會因憤怒而爆發，然後又平靜下來；有時會放棄，有時也會收斂。**讓心平靜、收斂並不是清空，把心拋棄才是清空**，這樣才能說心已經洗刷乾淨了。

有人可能會覺得，應該好好珍藏美好的回憶。在KAIST上課時，有很多學生問到這個問題。**如果捨不得拋棄美好的回憶，就間接證明內心是非常執著的**。

上課時，一位學生分享說他小時候常受到稱讚，現在卻成了壓力。雖然現在也做得很好，但不像以前經常受到稱讚，所以感到壓力很大。這是因爲他對幸福的標準仍是過去的標準，因此無法好好享受現在的幸福。

▽▽回顧過去三年的大學生活，是壓力的延續。但是在上過靜心課之後，現在感覺和過去三年有點不一樣。以往只顧著向前奔跑，但在學習靜心冥想的過程中，心情變輕鬆了，不管做什麼事都似乎遊刃有餘。特別是回顧了小時候在學校得獎或被老師稱讚的記憶，我明白那些事成爲現在的我的壓力來源。以前一直都做得很好，受到很多稱讚，但現在卻不是這樣，所以讓我產生負擔，覺得自己不夠努力。透過靜心冥想，我了解到應該摒棄那種記憶。以結果來看，可以擁有更加舒適自在的心態。拋開以往凡事都做得很好的記憶，與現在的我相比較的對象消失了，進而減輕一定要取得更好成果的負擔。我知道自己盡了最大努力，就算成果不如預期，也不再對自己感到不滿或有壓力。（朴尚賢）

如果確實了解自己的「心」，就可以清空。如果我內在存著照片，生活就會被照片牽引，要刪除那些照片，才能眞正過自己的人生。「我想要的我」和「現在的我」之間存有差異，從這個差異中會產生對自己的不滿和對世界的怨恨。這種差異成爲壓力來源和心理負擔。沒有了內在照片，我就會成爲自己人生的主人，行動有了主動性，思維也會積極變化。

如果有心理負擔，工作效率就會下降，健康也會惡化。我們的大腦內有很多神經與脊椎相連，密密麻麻地散布在內臟器官中。如果大腦內儲存的「照片」，大腦就會時常感到疲勞，運轉不順暢，對健康也會有影響，複雜的心情和想法沸騰是必然的結果。如果沒有了「照片」，就像清除了絆腳石，溪水潺潺流動毫無阻礙，神經系統的循環順利，就是所謂的「氣血」通暢。

清空我們的心就是去除壓力。消除壓力的來源，減輕心理負擔。沒有了壓力，臉色也會變得明亮，身體循環順暢，連帶的職場和家庭也溝通良好。我們通常會以自己經歷後拍攝的照片爲基礎，展開自己的主張，如果沒有這些照片，我們就可以多傾聽、多體諒他人。

朝鮮時代的名將李舜臣將軍有一句名言——「必死則生，必生則死」，這不僅適用於與敵人的戰爭，也適用於「與我的戰爭」。拋棄內在照片，就是拋去內心

「以前的我」，過去的我消失。若能拋棄「假我」，「眞我」就會存在；若是想以「假我」的身分活著，「眞我」就會死去。內在照片是假的、是死的。就像身處充滿垃圾的房間裡會喘不過氣、無法呼吸一樣，爲了生存，我們應該去除「照片」這種心靈垃圾。

靜心冥想後領悟到的事

靜心冥想的自我回顧是本質的反省，透過幾次靜心課回顧自己的過去，學生們坦率地記下了自己的領悟和感受。

一位女學生說找到了平時對人們漠不關心的原因，那是因爲高中時也住宿，每天同一時間吃飯、同樣時間上課，和同學之間互相依賴，關係十分親密，但這種關係反而成了壓力。想和朋友談論自己的事變得困難，於是上了大學後，逐漸不再關心別人，因此，在大學沒交到什麼朋友，但從現在起會努力改善。

另一名男生說自己講話很直接，常不自覺傷害到別人，在靜心冥想的過程中找到了壞習慣的原因。他記起八歲時讀了偉人傳，對書中直言不諱指責君王錯誤的臣子有很深的印象。於是小小年紀的他也下定決心，認爲不對的事就要直接了當地說出來。沒想到這個童年的決心，卻成了一輩子的說話習慣，這是他從來沒有想到的。

接下來再分享幾則學生靜心冥想之後的心得。

▽▽靜心冥想帶給我最大的變化，是讓我回憶起過去的模樣和記憶，並一個一個去除。教授說：「除了不好的記憶，也要努力把好的回憶從心中去除。」聽到當下對我眞是全新的衝擊。雖然我連內心的擔心和不安都不知道該如何拋棄，但我還是在上課時間努力學習消除那些記憶，找回自己眞實的面貌。也因爲這樣，在學校的生活，以及進入二十歲的我因苦惱和壓力而一直擔心和不安的心，終於稍稍平靜下來了。（李允赫）

▽▽一邊靜心冥想，一邊回顧我的人生，讓我了解過去我眞的完全以自我爲中心生活。透過回顧，我知道原來我一直生活在內在照片中，所以才會以自我爲中心思考和行動。和家人發生爭執時、和女朋友因意見分歧吵架時，我都只站

在自己的立場上看他人，所以關係才會越來越差。神奇的是，丟掉內在照片後，我明確地知道該用什麼樣的心態對待別人，漸漸地脫離了以我為中心的立場。能夠學到這種拋棄內心的方法眞是太幸運了。（李東奎）

▽▽上了這堂課之後，自己最大的變化是去學了泰拳。小時候不擅長運動，記憶中和朋友一起玩或比賽時，總是會因爲我的失誤而輸，所以逐漸對運動產生排斥。但是在靜心冥想課的過程中，我拋棄了過去的記憶，重新找回自信。於是我鼓起勇氣去泰拳道館報名。不僅是運動，在學業方面，因爲過去考試時粗心而失誤的記憶、考試成績不理想的記憶，對我的學習造成了局限。但今後我會進行很多練習，拋棄對考試和學習的恐懼記憶，努力取得更好的學業成就。（朴賢成）

▽▽以前因爲曾被狠狠訓過和因失誤而丟臉的記憶一直束縛著我，讓我無法擺脫恐懼。如今知道這一點後，我慢慢找回自信，得到了很大的力量。另外還有一個改變，就是我不會再因爲人際關係而耽誤我該做的事。從以前我就習慣討

好大家，別人說什麼我都會想辦法做到，結果時間和精力都沒有用在自己身上。自從知道去除內心的方法後，我不再過度在意別人的視線。若要用選一個我在這堂課得到最大的收穫，那就是自信。（梁泰浩）

▽▽至今為止，沒有一堂課如此改變我的人生，去除周圍的東西，消除了讓我混亂的東西，讓我看到了新的我。我再也不想自欺欺人了。心裡想做某件事，身體卻跟不上的經驗，讓我整天都感到後悔。開始靜心冥想後，我知道了原因。在清空心靈的過程中，我也很自然地一一實現我想做的行動，不再時時感到後悔。如果想早點起床看書，一早我就會自動起床；過去沒事時就只會滑手機，現在那些時間我會拿去游泳、閱讀或做一些平常想做但沒空做的事。我的生活變得充實而幸福，從以前到現在，似乎從未有過這樣的時間。（申致弘）

申致弘同學目前正在攻讀腦科學博士課程。四年前的他，不時感到被現實左右，凡事都無法照自己的意志去做，滿心的鬱悶卻無法理解。因為想改變，所以他選修了靜心課，在某天上完課回到房間的瞬間，他突然感覺自由了。

「這是第一次有一堂課讓我連實際行動都產生變化，它確實改變了我。」

哪怕只是一會兒，透過回顧自我，學生也會有放下自己的勇氣。當我提出〈寫下透過這堂課所發現屬於我的痕跡〉爲題時，學生們坦率地寫下了自己的生活軌跡，然後再把那些回憶一一扔掉。雖然世代不同，但那些迴響也幫助我對這些曾在某段時間共同度過的學生們產生共鳴，更了解他們的心情和苦惱。

靜心冥想

自我理解練習5

自畫像——你有多了解自己

如果能一邊照鏡子一邊描述自己的內心世界，那麼你就應該已經做好回顧自我的準備了。「我眼中的我」和「別人眼中的我」之間存在差異。回顧自我的內在就是反省。

對著鏡子客觀地描述自己是個什麼樣的人。

一、我心目中的我是什麼樣的人？
二、別人覺得我是什麼樣的人？
三、我真正想拋棄的是什麼？理由是什麼？

〈手持鏡子的哲學家〉
胡塞佩．德．里貝拉（Jusepe de Ribera）的作品。

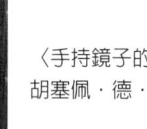

第六堂課

哲學與靜心冥想的相遇

在諾貝爾博物館咖啡廳與哲學相遇

瑞典斯德哥爾摩的諾貝爾博物館一樓設有咖啡廳。那家店裡最有名的就是諾貝爾獎頒獎典禮晚宴中最後出現的冰淇淋，味道也很好。每次去斯德哥爾摩出差，我都會去光顧，但那是因爲另一個理由：十幾年前我第一次去時，在咖啡廳牆上發現了一句話。

Born Originals, how comes it to pass that we die Copies?

「生爲原創，爲何死爲複製品？」我有好一陣子無法把目光從那句話移開。人原本就是固有的存在，爲什麼以複製品的樣貌離開這個世界呢？寫這句話的人當時是什麼想法？在世界上眾多名言中找到這句話的人，是爲了傳達什麼意義？

對於藉由靜心冥想清空心靈的我來說，這句話帶給我很強烈的感受。人生來是承襲著父母、祖先的基因，所以從出生開始就是複製品啊。在生活中將經歷過的事以五感拍攝照片（複製）並儲存在自己內心，如此一來，死的時候當然也不是眞正的自己了。我可以感覺其中蘊含著無限的惋惜。

這句話的作者愛德華．楊是十八世紀的英國詩人。當時問他爲什麼要模仿其他作品寫下這句話，答案似乎是關於創作和模仿的意義。③但是經過二百五十幾年後，這句話成爲話題。我在課堂上介紹這句話，學生們聽了也感到很眞摯。

如前所述，人生在世一直在心中留下照片。閱讀這本書的過程中，只要稍微回顧一下，就能知道在生活中拍攝的記憶照片正在成爲「我」。我的內在裝滿了複製的照片。那麼有人會問：「我的存在是什麼？」「我是誰？圍繞著我的世界又是什麼？」這些其實都是哲學長久以來討論的話題。我認爲哲學的起源，來自於人類努力接近生活的本質和根源。

康德：人無法看到事物的本質

我對哲學其實是外行，對哲學感興趣也是在開始靜心冥想後，偶然接觸到康德的哲學思想，康德的思想從「人類無法看到事物原本的形式」出發。我一開始看到這種說法時感到驚訝，因爲心靈修練的靜心冥想也是同樣的出發點。人類誤以爲各自生活在自己的內心世界，然後一起生活在這個世界上。

康德認爲，人類無法知道「外部事物的本質」，因此不具意義，重要的應該是「人類如何意識」，換句話說，康德認爲眞理不在外部的事物上，而是存於內在。眞理的基準從「外部世界（物自身）」中轉爲「內部意識認識問題（現象）」是哲學的大轉變。康德將自己的哲學界定爲「哥白尼式革命」。正如哥白尼推翻了以前的「天動說」，提出「地動說」，解決了很多問題，康德也革命性地改變了哲學觀點。④

康德表示，只有將看待外部世界的感官與我們內在的意識相結合，才能實現認知。也就是說，我們的知識，是我們的心按照順序處理外部世界的訊息所得。康德指出了人類理性的局限性，人類無法看到事物原本的形式，而是透過人類的感官而認識。他強調，世界只不過是我認識的現象，但人類並不知道事物本身。

康德的知識論，對叔本華和維根斯坦等許多近代哲學家產生很大的影響。

叔本華：世界是我創造的表象

叔本華也同樣認爲人類無法如實了解世界。他在《作爲意志和表象的世界》中，以「世界是我的表象」開始，說明世界是由人類的主觀構成的現象，或可稱作「表象」的世界。⑤他認爲如此構成的世界不是根本的世界。和康德一樣，他認爲是「我們的主觀構成了世界」。

他說的「意志」，涵蓋了自然界的一切事物。康德所謂「我們不知道的外部」，也就是「物自身」，而表象是指對心靈以外的物質和對象所具有的形象。就像人類透過身體的五感認識事物，我們所看到的世界是透過五感，由大腦來解釋和接受。叔本華稱這是表象。表象不是某種實際的東西，而是人的直覺和思考，所以每個人都有屬於自己的世界，在那個世界裡，只有透過「我」才能成爲表象。換句話說，「表象」是人在生活過程中拍下這個世界並儲存於內在的照片。

包括人在內，萬物都有生存的意志、生活的意志，人的意志是衝動的。生活之所以痛苦，是因爲人類的意志不斷尋找目的，出現徬徨和衝突。對叔本華來說，世界是一個充滿痛苦的世界。如果不能滿足欲望，就會感到缺乏而陷入痛苦；如果滿足了欲望，又會因倦怠而痛苦，這就是人類。但是過度的喜悅和痛苦的底層總有錯誤和妄想，而這兩種擔憂可以透過洞察力來避免。

叔本華指出，即使用被時間、空間以及因果束縛的知識（心）過一輩子，也不會領悟到永遠的眞理。眞理不是隨便就能得知，正如叔本華說的，因個人意志的衝突而痛苦不已的矛盾，這就是人類。他自己本身的生活也非常痛苦。他試圖從東洋思想中尋找擺脫痛苦的方法，就是禁欲、道德行爲、藝術鑑賞、哲學等。

他認爲，在意志和表象的世界裡，人類無法幸福，生活沒有意義。他的解釋和意志理論對藝術家和文學家、哲學和心理學都產生了很大的影響。

從航空工程學者到成為哲學家的維根斯坦

在KAIST上靜心課時，曾邀請朴宇錫教授進行講座，提到了邏輯學也是維根斯坦的專業。被稱爲二十世紀代表性哲學家的維根斯坦，也受到叔本華很大的影響。維根斯坦將哲學給人困難印象的原因歸因爲「語言」，因爲所有一切最終都必須用語言來表達。他把以理性爲中心的哲學轉成以語言爲中心的哲學，同時也明確指出語言的局限性。

維特根斯坦年輕時曾主修過航空工程，這個事實帶給靜心課的學生很大的感動和靈感，對我也是如此。維特根斯坦在二十歲時設計了新型螺旋槳並取得專利。他學習數學，後來接觸純數學，接著又一頭栽進哲學世界，他是一位在生活中努力實踐哲學的哲學家。朴宇錫教授的講座結束後，我查閱了維特根斯坦的著作，研究他的一生。他在自己的人生中努力追求眞實，對他來說這比取得學術成就更具意義。但尋找眞實、眞理的生活，實際上並不幸福。

維特根斯坦獨自住在峽灣懸崖半山腰的小木屋裡。他是一位求道者，在他寫給伯特蘭．羅素的信中可以推測出，他是以怎樣的心情致力研究邏輯學。

「我的一天在邏輯、口哨、散步和宇宙之間不斷來回。我祈求神能給我更多理解能力，最終能揭示一切。如果不行，那麼我將不再活下去……精神上的苦惱是無法言喻的可怕。過了兩天，我好不容易從幻聽的嗡嗡聲中再次挑出理性的聲音，然後再度開始工作……我還不是人類，又怎麼會是邏輯學家呢？最重要的是我要讓自己變得純潔眞摯！」⑥

一九一四年第一次世界大戰爆發，他以志願兵入伍，在戰場上寫下撼動二十世紀的《邏輯哲學論》。他在激烈的戰火中寫日記。

「我對神和人生的目的了解多少？」

他在戰俘集中營完成了《邏輯哲學論》，自認在哲學方面已經完成了該做的事。一九一九年獲釋後，他回到維也納，將身為鋼鐵業富豪的父親留下的龐大遺產分給兄弟，其中一部分則捐給貧窮的藝術家，自己一毛不留，過著比修道士更清貧的生活。後來，他承認自己的著作《邏輯哲學論》內容有誤，因而又完成了《哲學考察》的初稿。維特根斯坦在六十歲時被宣告罹患癌症，但他反而感到非常高興。六十二歲就結束了生命，他的墓碑上只刻了他的名字、出生及死亡的年分。

維根斯坦雖然熱衷研究哲學，卻極力勸阻別人成為哲學家，可見其痛苦之大。眞理並非存在於人類的思想中，長久以來，哲學家們都一再強調人類無法擺脫主觀意識。如果維根斯坦知道想要明確定義的世界，其實是可以拋棄的假象，會做何感想？如果知道在懸崖邊小木屋裡讓他痛苦的所有一切都是可以拋棄，同時也是必須拋棄的內在想法，如果他知道一切都可以放下，那麼他會怎麼樣呢？如果他知道清空了心之後，即使沒有翅膀也能自由飛翔，是不是會快樂一點呢？我再次領悟到能夠拋棄心中一切雜念和記憶是多麼棒的事。

儘管哲學家們努力洞察人類和世界的本質，但最終人還是會堅持自己的想法和信念。英國愛丁堡大學哲學系教授安迪·克拉克用腦科學來說明人類認知和實際的差異，指出人的大腦會不斷努力縮小這種差異。⑦

只有透過靜心冥想回顧拍攝儲存的主觀世界，才能意識到認知和實際上會產生差異全是因爲假象。我認爲哲學提出對人類本質的問題，其解答不是要增加思考，而是應該在減去思考時才能得到答案。

聽完有關哲學與靜心冥想的課後，一名男學生發表感想，表示「生爲原創，爲何死爲複製品？」這句話在整堂課當中都在腦海中迴盪，讓漸漸被複製觀念所束縛的自己得到很多新的感受。

以下是另一位學生的感想。

▽▽回顧我的過去到現在，發現思考支配了我們的心靈。從哲學、心理學、腦科學等各領域的研究報告，成爲回顧自我的契機。這才奠定了拋棄我的複製品、我的過去的基礎。（朴利景）

静心冥想

自我理解練習6

認識我的人格面具

近來除了「分身」，還流行「人格面具」這個詞。人格面具是指自己本性以外的人格，並不是真正的自己。我們想保護自己時就戴上不同的面具。以孩子來說，在被拒絕的瞬間就會開始製作「逃避」的面具，這是為了擺脫被拒絕的痛苦而創造的新「人格」，成為所謂不會惹麻煩、聽話的「好孩子」。

年輕一代對人格面具的關注說明了想要尋找內心真正自我的渴望。想一想：「我的人格面具是什麼樣，家人、朋友看到的我，和我想呈現的人格面具又是什麼樣的呢？」

〈冬與夏〉
文策斯勞斯・霍拉爾（Wenceslaus Hollar）的作品。

第七堂課

腦科學與靜心冥想

大腦的訊息是過去的總和

人有多少想法？從早晨睜開眼睛到晚上入睡，人會想很多事。如果壓力大，即使躺在床上，腦子裡也會不斷打轉，無法輕易入睡。加拿大女王大學喬丹・波普克博士的小組分析大腦影像，測量接連而起的想法，結果發現人類平均每分鐘有六・五次的思考轉換。⑧以每天睡眠時間爲八小時爲前提，可以推測出人一天平均有六萬二千個想法在大腦中發生。

美國國立科學基金會也提出研究調查，發現一般人每天最多有六萬種想法，其中八〇%是消極的想法，九五%是重複前一天的想法。當下新產生的想法其實也和重複過去的「記憶照片」一模一樣。

最早開拓人工智慧領域研究的美國元老級科學家馬文・明斯基博士在著作《心智社會》中指出：「一般提到意識，是指在現在這一瞬間察覺到發生在我們心裡的事。⑨但意識不是現在，而是過去。」記憶、想法、意識……不管它被稱作什麼，這一切作用都發生在大腦中。腦科學則關注人的記憶和想法在大腦中如何儲存和消失。

也有研究結果顯示，人會按照大腦輸入的方式行動。華盛頓大學計算機工程學系進行了實驗，如果在大腦中輸入外部訊息，人會依照輸入的訊息行動，而非自己的意志。這顯示一個人的行爲被他人的腦電波訊號所左右，也叫腦力寫作。將腦電波模式注入大腦，人就會按照大腦所寫的內容行動。人們普遍認爲自己是依靠個人意志行動，但是從出生開始，我們就一直用五感拍攝自己和世界上的照片；根據過去的照片行動，是按照大腦輸入的方式行動。因此，不管你有多麼想改變現在的想法和行動，都沒那麼簡單。

不過，雖然說按照大腦輸入的內容行動，但也有研究顯示，這是不準確和粗略的結論。鄭勇教授在靜心課上透過影片展示了有趣的實驗，說明人類的認知功能存在多少錯誤。鄭勇教授既是醫師，也是腦認知科學的專家，不只爲靜心課的學生帶來腦科學特別講座，還進行了腦波檢查。

鄭教授在課堂上播放的影片中，是兩個人在玩紙牌，但餐桌上的東西被收起來，甚至換了桌布，他們也完全沒有察覺。其中一人中途換了上衣，另一人也沒有發現。人們誤以爲可以看到一切，但一旦熱衷於某件事，就無法綜觀全面。很明顯，人的眼睛是不可靠的。

大腦裡也有電路

從認知兩字中的「認」字來看，是在「心上一把刀」，刻印也像「用刀刻在心裡」，才能讓人記憶清晰。認知一旦形成就很難改變。大腦在看到或聽到新事物時，腦細胞之間就會出現電化學訊號。從小到大從父母、老師那裡聽到的故事，不管是好的還是不好的，都會儲存在大腦中。這樣反覆聽了之後再輸入到大腦，就稱爲大腦學習功能，也就是「神經可塑性」。

如果經歷過巨大刺激，只要一次，腦細胞之間就會產生強大的電路，形成深谷，稱爲心理創傷，也被稱作「創傷後壓力症候群」（ＰＴＳＤ，posttraumatic stress disorder）。就算不是因爲創傷後的壓力，但只要長時間施加強烈的刺激，腦中的電路就會出現故障，變得粗糙狹窄。同時如果破壞腦細胞，記憶力減退、無力感、緊張性頭痛、心因性胃腸疾病、高血壓等發生的頻率就會提高。專注力最大的敵人就是腦細胞的疲勞。

大腦的流動性變化

神經可塑性是指大腦發生流動變化。在大腦出現電化學訊號的過程中，包括記憶在內的訊息經過從神經細胞像樹枝一樣延伸出來的突觸，這些突觸會根據環境成長或衰退。只要有刺激，大腦就會不停活動。根據ＫＡＩＳＴ神經科學專家鄭元錫教授表示，一個神經細胞有一萬到十萬個不等的突觸。連接神經細胞的突觸透過電化學的方式傳遞訊號並儲存，在大腦中是以萬億爲單位存在。剛出生的嬰兒腦中數量雖少，但開始爬行、學習之後，突觸會激增，但如果不需要也會減少。

專家認爲這種突觸是記憶的基礎單位，因爲記憶就是在這裡形成。如果從小開始反覆聽某些話或發生造成心理創傷的事件，突觸的數量就會增加、變大，當然也可能會在生成後又消失。

鄭元錫教授表示：「記憶的謎團目前尚未充分查明。」參與開發因大腦突觸異變而造成的阿茲海默症治療藥方的鄭教授，在二〇二〇年透過研究去除星形膠質細胞的突觸，而在科學期刊《自然》上發表文章，表示透過消除星形膠質細胞不必要的突觸，幫助大腦維持記憶力。雖然尚未完全了解記憶的儲存過程，但對受到創傷影響的大腦學習功能恢復的研究正積極進行中。

韓國首席科學家，也是世界級腦科學專家申熙燮博士也在Coursera講座的腦科學訪談中，以「恐懼制約」和「恐懼消除」爲例進行說明。申熙燮博士以研究老鼠的恐懼消除學習而聞名。參加伊拉克戰爭的軍人在離開戰場後，每當聽到巨大的撞擊噪音，就會想起炸彈爆炸，因爲這種極度的不安和壓力，而造成創傷後壓力症候群。申熙燮博士透過實驗，以嗶聲和電擊讓老鼠記得兩者的關聯性。之後在沒有電擊的情況下反覆聽到嗶聲，老鼠學習到相同的訊號音不一定會帶來電擊刺激的新認知，進而達到恐懼消除。

申熙燮博士在接受訪談中，也以透過靜心冥想消除幽閉恐懼症的我爲例進行說明。他對靜心冥想可以治癒心理創傷這一點深有同感，如果持續回顧過去刻印的內在照片，然後扔掉，在大腦中的電化學訊號會逐漸減弱，最後可能會消失，那麼就代表人的心理創傷也可能消失。用理工學來說的話就是「逆向設計」原理，也就是把機器拆開分解可以知道原本的設計結構，反向分析找出設計的源頭。靜心冥想也是將大腦中刻印的記憶反向回顧，以從源頭消除。

靜心冥想的腦科學原理

美國克利夫蘭醫院神經研究所神經修復中心的白宏才博士，以靜心冥想的原理爲例，說明消除內在記憶照片時的大腦作用，可以看出靜心冥想的原理與最近被揭露的腦科學理論完全一致。腦科學研究也顯示，包括視覺在內的五感認知，並不是對現實的眞實認知，而是大腦改編過的。以下內容是取得白宏才博士許可後，節錄他在全人教育學會的期刊上發表的文章。⑩

位於人類眼睛後方，重達一．四公斤的大腦，是精神世界和物質世界的核心，且是唯一的結合點。像是理解人類的最後一把鑰匙，但尚未解開。根據腦科學，我們的人生在大腦內被程式化成一千億個神經元的系統，原封不動地儲存在裡頭，控制我們當下的思考方式、行動、性格等整體生活方式。

大腦也是需要使用能源的一個器官，如果有已經形成的系統電路，繼續使用模組模式，在能源效率上會比較有利（當然，在強烈的外部刺激或動機誘發下，仍可以重新生成和變化）。但如果外部訊息和大腦電路的理解不一致，那麼大腦會更傾向於堅持既有的思考模式。這就是爲什麼隨著年齡增長，我們會說腦袋越來越頑固的原因。換句話說，內心世界會更加堅固。

以結果論，人是以各自在生活中的經歷爲基礎，在大腦中形成不同的認知電路，透過這些來認識和判斷世界。換句話說，每個人都是只透過自己的認知電路來看世界，沒有人能完全正確看待和了解世界。

看人不是用眼睛而是用大腦

視覺占大腦處理感覺訊息的八〇%以上，可說是我們在生活中最依賴用來觀察和判斷的器官。但我們以為自己用眼睛看世界，實際上卻是用大腦看。雖然照片是用眼睛拍攝，但現象是在大腦中形成的。就算眼睛完好無損，如果大腦的視覺中樞被破壞，那麼形象就會無法顯現，就等於看不見。人的眼睛在解剖學上不會與大腦分開，是大腦發育階段從額葉分離出來的器官，因此與大腦緊密相連。

眼睛和大腦之間有個很有趣的部分。眼睛是位於額葉前部，但處理視覺訊息的視覺中樞並不在眼睛附近，而是在喉部。因此，視覺訊息會隨著視神經移動到大腦後面的枕葉。在此過程中，輸入的訊息會經過大腦的解釋。也就是說，我們的眼睛不會像照相機一樣，將形象原封不動地轉移到大腦。透過眼睛進入的視覺訊息在大腦中被編輯儲存，因此即使是同樣的事物，每個人也會有不同的認知。

如何各自保存

透過眼睛、鼻子、嘴巴、耳朵、皮膚等感覺器官，我們感受到的訊息會隨著神經先聚集到「視丘」。視丘是感覺訊息的中樞，身體感受到的所有感覺都聚集在這裡，是到達大腦皮質之前的關卡。透過身體各器官識別的訊息在大腦皮質認知之前，透過視丘和在周圍的邊緣系統開始分類和篩選。

進入視丘的經驗訊息，透過圍繞視丘的海馬迴轉換爲長期記憶，被儲存爲語言及情感記憶，轉移到位於海馬迴前方負責情緒的杏仁核，對訊息的穩定性或情緒做出評價。再進入位於外圍的基底核，以接收到的訊息的評價爲基礎，決定透過身體進行什麼行動。

在這個過程中，進入大腦的訊息透過邊緣系統移動，會影響意識、情感、記憶、行動；反過來思考，這些也會變成視覺訊息。也就是說，我們會誤以爲親眼看見什麼，但那其實是大腦合成的訊息。根據看到什麼、爲何而看，在總由視覺中樞處理後的訊息會不斷進行交換和判斷，最後我們所認知的最終訊息會與原來的感受對象不同。

我眼中的世界並非原創，而是大腦的改編版本

如前所述，五感在每個瞬間識別的訊息都會儲存在由一千億個神經元組成的神經系統中，在生活的過程中，對個人所面對的環境做出反應，每個人都會製造出千

差萬別的模式。因此，人並非絕對都是用眼睛看、用耳朵聽，我們眼前的世界不是眞正的世界，而是各自的大腦透過生活形成的神經網路解釋後的改編版本。

我們看的不是眞實世界，而是我創造的心靈世界。這種腦科學原理正支持了靜心冥想所揭示「人的心靈世界是假的，充滿假象。人不是眞的活在世上，而是被困在自己製造的假心靈世界」的原理。

在自我回顧的靜心冥想中，我提出從以自我爲中心的立場轉變爲客觀立場的方法。因爲如果無法客觀，就很難進行眞正的自我反省。從客觀的立場反覆回顧自我，就會發現自己記憶中和認識的一切都不是眞實的，而是從以自我中心出發的錯誤認知。透過這些，讓學生們明白自己的想法和行動都是假的、虛幻的。

靜心冥想就是透過階段性清除虛假的自我和心靈世界，這種方式與感覺訊息在大腦中移動的路徑、結構和功能是一致的。按階段拋棄海馬迴記憶中的想法，從杏仁核負責的情緒中解放出來，拋棄在基底核中形成的身體形象和隨心所欲行動的習慣。隨著一個階段一個階段的完成，我們可以更深入回顧自己的內心。

失去左腦功能的吉兒・泰勒教授

「我所認識的是用過去的經驗打造屬於我的心靈世界，如果連我所認識的自己也不是眞實的我，那麼眞正的我是誰？眞正的世界是什麼？」提出這個問題的，就是知名的哈佛大學腦神經學教授吉兒・泰勒。她在線上講座平臺TED的演講，全世界已有一千八百萬人次點閱，爲以上根本性的問題提供了重要線索。

她表示自己在左腦突然中風失去功能後，從過去三十七年的歲月中解放出來。用右腦思考後，她與過去集中以左腦活動而錯過的自然和宇宙融爲一體。左腦具有儲存認知訊息數據、預測未來的功能。泰勒教授的體驗告訴我們，人類被左腦儲存的過去數據所掩蓋，而無法看到、感受到眞實存在的自然和宇宙，唯有擺脫之後才能眞眞切切地感受。

泰勒教授的經驗是一般普通人很難體驗到的個案。雖然尖端腦科學已經證明，人類無法完全認知眞實的世界，無法認識被大腦作用錯誤認知的世界，也無法反應。但要如何擺脫，在腦科學界目前尚未有準確的方法。

就像白宏才博士的文章一樣，回顧自己，拋棄過去留下深刻印象的照片，才能以原本平和的心態，真實地看待世界。

重要的是親身進行靜心冥想

二〇〇四年，從美國腦神經科學家與達賴喇嘛的會面開始，對於心靈和大腦的關注一直在西方許多研究領域中活躍，直至今日仍持續不間斷。美國艾倫腦科學研究所的克里斯托夫．科赫博士表示：「了解靜心冥想和靜心冥想對大腦的影響，不等於得到靜心冥想帶來的好處，也不等於獲得智慧。」⑪也就是說，透過腦科學研究的靜心冥想並無法看到靜心冥想的效果，也無法獲得智慧。

靜心冥想的經驗完全是非常個人及主觀的。即使像泰勒教授那樣經歷了極度的心靈平靜，那份平靜是屬於泰勒教授的，與我沒有任何關係。《人類大歷史》的作者尤瓦爾．哈拉瑞教授對腦科學者說了這樣的話：「科學家實際上並不會靜心冥想。相較之下，他們更傾向於邀請靜心冥想者到研究室，在頭部插上電極後進行靜心冥想，以觀察靜心冥想時大腦的活動狀態。」

我在開始靜心冥想之後，對腦科學也產生了興趣。從中我越來越明確地知道，不管再怎麼優秀的研究結果，也比不上回顧自我和改變生活更好的方法。每個人都過著屬於自己的珍貴人生，研究和各種指標能夠分析的只是心靈和腦科學的極小部分。要怎麼做，我們才能更有智慧，每天都能得到啓發，找到眞正的自己呢？答案就在我們的生活中，在數據和指標之外才是眞正重要的東西。

以下是二〇一八年最後一次靜心冥想課程結束後，一名學生的感想。

▽▽上了長達十週的靜心冥想課，我是否眞的變得自在呢？答案是肯定的。第一次見到教授時，就對他慈祥的笑容、溫柔隨和的模樣印象深刻，他的臉上充滿幸福，絲毫沒有任何可擔心的事。每個人生活中都有很多苦惱，會遇到難關，也會因爲不順心的事而感到壓力或憤怒，但在上課期間，我一次也沒有看到那些負面情緒出現在教授身上。難道這就是靜心冥想的力量嗎？我平時並不是個善於表達情緒的人，通常就算生氣也會自我調適，所以並不覺得需要靜心冥想。但是現在我確實感受到了靜心冥想的力量。（宋形洙）

靜心冥想

自我理解練習7

我內心的地圖

簡單寫下為什麼無法過自己想過的生活，並回顧自我。現在過的不是自己想要的生活，是因為有妨礙的心。用我內心的地圖來幫助回顧自我，這是在全人教育中心使用的方法。

方法

- 寫下我現在的狀態。
- 寫下我期望的狀態。
- 回顧是什麼妨礙讓我無法達成期望的狀態。
- 寫下造成妨礙的想法。

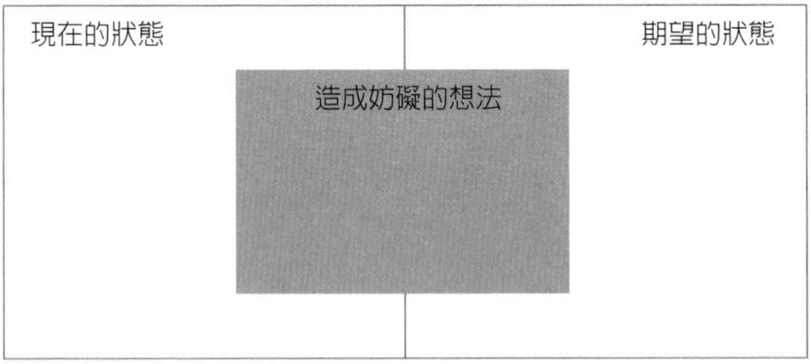

（出處：全人教育中心靜心冥想教育組）

正式開始靜心冥想前需要知道的事

長時間持續靜心冥想

在寫這本書的過程中也曾遇到苦惱，因爲必須把我的生活公開，把我心中的想法公諸於世。其實我希望可以安靜低調地生活，似乎沒有必要非得寫書不可，老實說，我還曾產生過放棄的想法。

但是重新想想，並不是那樣。我重溫初衷，就像在我最疲累的時候得到靜心冥想的幫助，我也希望其他人可以得到這樣的幫助。每當感覺無力時我都會想，不可能寫出每個人都滿意的文章，但是爲了某個想放棄的人，我一定要寫下去，這也是我開這門課的原因。

人們期望從這本書得到什麼？也許是日常生活中可以輕鬆學習的靜心冥想要領吧。以前我也曾努力想改變自己，找了很多書看，拚命找尋可以嘗試的東西，但結果並沒有因此而改變。

我想起了當初創造這個靜心冥想法的老師的小故事，聽說原本是老師教授了方法後，要學生們回家自己試一試，但沒有一個人照著做，都說自己一個人在家沒辦法，又回頭找老師，老師於是便乾脆把大家集合在一起上課。

靜心冥想要整理的是比海還深層的人類心靈，而且是爲了自由、幸福而做的事。就像想看大象的人，如果只看到大象的腳就結束了，那麼他永遠不知道大象長什麼樣子，會以爲他看到的象腳就是大象的全部。沒有眞正親眼見到完整的大象，就無法感受見到的喜悅和快樂，所以知道方法而不做，又有什麼意義呢？

靜心冥想的前提

靜心冥想是要面對自己，開始並不難，任何人都可以做到。但是回顧自我是需要時間的事，也需要耐力。

所以在靜心冥想之前，必須先整理心態，或許有人覺得理所當然，但希望第一步就能穩穩地踏出去。

第一、要親自嘗試

靜心冥想不是知識。假設聽到有人說蘋果好吃，若以爲看書就能知道蘋果多好吃，那是一種錯覺。想知道蘋果的滋味，最好還是實際去買來吃，自己親自試過，就不需要多餘的解釋了。

第二、務必尋求專家的協助

靜心冥想的方法其實不難，但是人心卻很複雜，因爲每個人的生活不一樣，情緒也不同，有人可以瀟灑地放手，而有人卻可能難以割捨。因爲各自的心裡的想法不同，在清空內心的過程也不同。我在練習靜心冥想的過程中也有過疲憊的時候，這時有專家在旁會很有幫助。

另外就是需要專家指引。想想我們在登山時如果不熟悉，會覺得山路看起來都差不多，但只要轉錯一個彎，就可能走到完全不同的地方。因此想在靜心冥想過程中不迷路，就必須有專家的指引。

第三、不要過度相信自己

覺得靜心冥想很簡單，自己摸索，而不接受專家幫助，可能會像明明吃了橘子，卻以爲自己吃的是蘋果；就像哥倫布直到去世前，仍相信自己發現的新大陸是印度。別以爲別人才會那樣，事情也可能會發生在自己身上。

第四、心態要坦誠

我相信，如果你深入回顧自己，就會發現過去被自己的言語和想法蒙蔽了多少。

第五、呼吸也是心靈的一部分

在靜心冥想中，身、心都屬心靈。或許是這個原因，只說明心靈的意義，但未提及姿勢和呼吸。不過神奇的是，隨著心被清空，不知不覺呼吸也會變得沉穩安定，因此不會感覺要刻意呼吸。呼吸是由大腦調節，跑步時呼吸會變快，如果停下腳步，不用特別調整也會慢慢自動恢復原來的呼吸頻率。呼吸很重要，所以更應該順其自然。不管是什麼，若用無理的欲望強制進行，就會產生不合理的反效果。

第六、維持舒服自在的姿勢

姿勢也一樣，心浮動，身體也會跟著動，這也是由大腦調節的。害怕就退縮，心若堅定就會抬頭挺胸。心情沉重時，身體也會變得沉重；開心時會笑，興奮時會忍不住拍手。因此雖然沒有特別提到靜心冥想的姿勢，但一切都是隨心的結果。

沒有媽媽的陪伴，自己來上課的孩子們靜心冥想的姿勢最特別，看起來非常自在舒適。不刻意思考，也不求好心切。若內在沒有什麼要丟棄的人，甚至會舒服得入睡，那模樣既可愛又讓人羨慕。年輕的學生們則看起來都沒有框架，毫不矯揉造作，只是順其自然一般地回顧、清除。但若一旦進入深層的回顧，不管是誰都會坐得挺直，紋風不動。

想了解眞正的靜心冥想，讓靜心冥想像朋友一樣成爲生活的一部分，長久享受幸福，該怎麼做呢？我想透過我的經驗告訴大家。〈第二部〉就要來分享我的靜心冥想故事。

第二部

…

我的靜心冥想故事

我的人生，還有靜心冥想

人生的頂峰和墜落的序幕

那是從俄羅斯出差回韓國的飛機上，我看了一部電影。片中出現一名青年被活埋的場面，看到被困在棺木中的青年睜開眼睛那一瞬間，我感覺自己就像那名青年一樣，躺著動彈不得。一種幾乎要死的恐懼向我襲來，冒出了一身冷汗，緊閉著眼睛，不過才一分鐘的時間，卻像一世紀那麼久。我想大聲喊叫，甚至想逃出飛機，但我只能拚命忍耐。忍受了如地獄般的七個小時後，終於抵達韓國。

從那天以後，別說是坐飛機，我連搭電梯都覺得快要窒息，從首爾到大田KAIST校區兩個小時路程的巴士也無法忍受。有一天和朋友一起吃飯，朋友分享大學時期當志工下鄉進礦坑工作的經歷，那一瞬間我覺得自己好像被困在礦坑裡，飯沒吃完就逃了出來。

後來去朋友工作的大學醫院精神科，被診斷爲幽閉恐懼症，我開始吃藥。擔任精神科醫師的朋友建議我重現那次坐飛機的狀況，雖逐漸克服恐懼，但那種不安的感覺實在太強烈，我無法再現。然而工作需要我得經常坐飛機，對我來說實在很痛苦。我想盡辦法在搭機時讓自己睡著，以逃避在機內的恐懼。搭機前一晚，我乾脆不睡覺，一上飛機就喝酒，好讓自己睡著，但結果卻是醒來之後更累。我在搭機前拚命運動，讓自己上了飛機能累倒，也試過在搭機時看佛經或聖經。因爲狹窄的空間讓我喘不過氣來，所以都搭商務艙。能做的我都做過了，幽閉恐懼症彷彿是宣告我人生墜落的序幕。

人生的頂峰，讓我放下

我畢業於首爾大學航太工程系，後來留學美國，在史丹佛大學取得博士學位。之後在矽谷的美國太空總署艾姆斯研究中心擔任研究員。我的專業是「空氣動力學」，研究如何檢查和減少飛機的噪音。當時韓國是航太領域的不毛之地，讓我深深覺得應該有很多事要做，所以在矽谷工作了三年就回國。一九八八年成爲KAIST航太工程系教授，當時我才三十出頭。

我彷彿擁有一切，親友善待我，有著心愛的妻小，人生擁有了財富、愛和名譽，似乎別無所求了，但還是會想「再多賺點錢會更好」，而且也相信會那樣。

就從我人生達到頂峰的那一年開始，在之後的一、兩年內發生了很多事。五十歲的叔叔因腦中風臥床，第二年岳父去世。接著一向健壯的父親在一夜之間因心肌梗塞而離世。家裡好像瞬間崩塌了、垮了，我被迫撐起整個家族。

當時KAIST從首爾遷至大田校區，我一個人搬去大田，週末往返首爾，妻子則在首爾照顧母親和孩子們，而先父留下的建築事業也得繼續維持。

過沒多久，公司突然被退票，我一時不知所措，只要公司通知說財務周轉不靈，我就會瘋狂地從大田趕到首爾。奇怪的是，每當這種時候，高速公路總是會塞得水泄不通，讓我內心焦急萬分。趕在銀行營業時間結束前把錢軋進去，好不容易才避免危機，這樣的難關數不勝數。

我的生活走下坡，而且看不到盡頭。我每天喝酒，菸也抽得很凶，好長一段時間無法控制身體。學校有很多事要做，除了上課，還要發表學術論文、指導學生做研究。晚上睡不著就靠酒精入睡，但是醒來後就陸續出現胸悶，幽閉恐懼症的症狀也開始出現，不時要忍住從高樓往下跳的衝動。

然而，這個時候韓國遭遇ＩＭＦ金融危機，公司最後一張支票跳票那一刻，我的腦子裡一片空白。惡夢般的現實展開了，銀行催著還錢，利息不斷增加，債務也要負擔不起了。做什麼都無能爲力，身心俱疲。

有人介紹老師來看風水，說家族宗祠氣場不好；我還去找修行多年的有道僧人。誠心誠意地向祖先獻祭，抱著死不足惜的覺悟，在中秋連假期間每天三千拜。知道自己的人生遇到難關，但卻不知道該怎麼辦，所以到處尋找解方。身心俱疲，卻無路可走，不管哪一科醫師都說應該好好休息。我的人生急速走下坡，生平第一次決定聽別人的話，「好吧，我就休息一會吧。」

但是我不曾休息過，因此根本不知道該怎麼做。去旅行吧！雖然覺得回來後我的頭一樣會痛到裂開，不過我還是想出去走走。這時姊姊給了我一本《前往伽倻山度過七天時間的邀請函》（暫譯）的書，內容是關於心靈修練的靜心冥想，我一下子就看完了，心想：如果去這個地方會有什麼不同嗎？

靜心冥想在我身上發生的效果

找出幽閉恐懼症的原因

二〇〇一年夏天，我抽出一週的時間進行靜心冥想，藉此回顧自己、拋棄內心。靜心冥想的第二天，回想起小時候的記憶，突然發生幽閉恐懼症症狀，我動彈不得，當下的不安和痛苦太可怕了。後來，我回憶起最初引發幽閉恐懼症的原因，「原來是這個啊！」

小時候有一次在朋友家玩捉迷藏，他家院子裡有個用水泥蓋的狗窩，我們三個好朋友一起進入狗窩躲藏。但是可能因爲空間小又蹲坐太久，三個人的腿都痳了，無法出來。幸好後來朋友的叔叔回家發現，才把我們救出來。我以爲自己早已不記得了，但沒想到當時的不安和恐懼一直埋藏在內心深處。

我與引導靜心冥想的老師相談，按照指引的方法拋棄當時那個場面。那個場面充滿了恐懼和不安，我集中心力花了好幾個小時，剛開始很難清除，但還是按照老師的方法努力消除，反覆幾次過後，那個場景突然就消失了。那眞的是假象，隨著虛幻的我消失，幽閉恐懼症也不見了，那天的輕鬆自在和感動令我久久難以忘懷。

十年來折磨我、讓我痛苦的心，透過幾個小時的靜心冥想而得以解決。從那次之後，無論是回顧生活記憶，還是按照方法清空，我都能很順利完成。靜心冥想讓我重新審視自己，回顧和拋棄過往生活中的記憶，可以按部就班地了解過去的生活。

讓我痛不欲生的頭痛消失了

讓人頭痛的事一件一件回想起來，我每天都很忙，心中充滿了複雜的行程。原本只需寫在行事曆上的事，也寫進了我的腦海裡。事實上根本就無法按照行事曆一一完成，滿滿的待辦事項只是讓我的頭越來越痛。學會靜心冥想後，按照方法拋棄那些心情和想法，眞是爽快。因爲頭痛的事消失了，讓我有餘力可以區分該做和不該做的事，領悟到我對工作是多麼有野心，也讓我體會什麼是從容。

初次體會手足們的心情

我的家境算不錯，而我又是唯一的兒子，上有姊姊，底下有兩個妹妹。姊姊叫我「幸運兒」，吃飯的時候，好吃的菜總是先送到我面前。不但可以找家教補習，還順利去美國留學。父親的事業也很順利，讓我從小就認爲一切好處都是理所當然，所以不知道要感謝父母，也不知道手足們的委曲，根本就不關心姊妹們是如何生活的。

父親離世後，我繼承了很多遺產，因爲我是長孫，姊妹們都默默讓步，而我也覺得理所當然。但是在短時間內，那些財產幾乎化爲烏有，與姊妹們也疏遠了，當時對我們彼此來說，都是一段非常難熬的時間。再回顧那段時間，我第一次體會到姊妹們的心情，我看到了當時的我眼裡只有自己，忍不住流下了眼淚。財產已所剩無幾，但我還是覺得，現在應該把姊妹們讓給我的還給她們。她們平靜地接受了，過了一段時間後還表達「在那種情況下還顧及我們，謝謝」。我也要謝謝她們。

得以回顧對妻兒的心意

婚姻生活眞難，比公司跳票時更艱難。跳票後經歷了很多事，妻子也很辛苦，於是出現了離婚的聲音，但我是一個重視社會觀感和面子的人，當時完全沒有離婚的想法。

進行靜心冥想時，我思考：「爲什麼在我身上接連發生這麼多難題？」然後我站在妻子的立場上回顧，發現讓妻子覺得辛苦的並不是婆家或經濟上的問題，我才是最大的問題所在。我對家庭沒有責任感，在遭遇困難時也未能成爲她的支柱，我沒有去理解和關懷過妻子。我們從念書時開始交往，從來不曾吵過架，但後來讓妻子變了的人是我。靜心冥想過後，我能爲妻子做的只有同意離婚，這是我能給她最基本的自我反省和道歉。

後來我又再婚了，但我不想再犯同樣的錯誤。就算發生衝突，我也不會再置之不理，我會回顧自己，也站在對方的立場回顧，是靜心冥想的幫助，讓我更能夠理解對方。如果眞心回顧，心境會改變，行動也會改變。我清空了多少改變多少，對方也能感受到。像殘留在心中的心，像鏡子一樣展現出來的東西，就是婚姻。

妻子常說我不理她、不愛說話，我都會否認自己絕對不是那樣。但是回顧過去，她說的沒錯。我無視自己的情緒，也無視妻子的情緒。妻子生了第二胎，身心疲憊之際，只要聽到她說累，我就會悄悄把耳朵關起來。我累的時候，妻子幫忙是理所當然；但當妻子疲累時，我卻沒有幫她。心裡想要幸福的家庭，但更多時候，我的話語和行爲卻是往不幸的方向走。

我深刻地回顧，既沒有積極地接受現實，也沒有改善問題的意志。如果不回顧，永遠都不會知道心裡怎麼想。以這種心情努力，妻子似乎也了解我的眞心。因爲沒出息的我，一家人都辛苦了。儘管如此，孩子們還是努力克服了困難時期，好好成長。對於孩子，我感到非常抱歉和感謝。

看到社交性不足的自己

我是家裡的中心，我已經習慣了被愛、被認可、受到與眾不同的待遇。功課好，又身爲長孫，想要怎麼樣都可以。在忙於準備考大學的高三時期，我突然沉迷於雕刻。第二年考上首爾大學後，有一段時間留了長髮，連洗都不洗，也許是想被認可成爲特別的存在。雖然有點擔心，但沒有人責怪我，周圍的人連我奇怪的行徑也用善意來解釋。對我來說，世界理所當然要以我爲中心，只爲得到理解而活的我，在不知不覺中成爲利己主義者，所以無法理解姊妹們和妻子爲什麼對我生氣，我也不問她們，溝通和同理心皆與我無關。看到對方一肚子不滿也強忍著，我一句話都說不出來，只覺得「謝謝你沒有抱怨」，然後繼續過隨心所欲的生活。如果對方發怒，我只會想：「爲什麼會那樣？」但也不會想進一步了解。我對待人的方式是旁觀和迴避，說穿了我就是個社交性不足的人。

透過靜心冥想了解自己的狀態，發現自己是個不會溝通的人，因此我避免與人對話，不去傾聽別人的話，埋首於工作的世界裡，我會更自在。當閉上眼睛靜心冥想時，我回顧了自己對待別人的每一種樣貌。我想起來了，有時候當我發表意見，人們常會不理解我的話。剛開始來到KAIST時也是如此，不管是前後輩教授們都常聽不懂我的意思，但我並不覺得有什麼問題，還自我辯解說：「反正我從小就很少與人交談啊。」

我是個不太說話的孩子。學生時代，同學們聚在一起聊天時，我經常不發言，所以不習慣與人對話。不知從什麼時候開始話變多了，但我只說我知道的、說我想說的，像老頭子一樣反覆說同樣的話。靜心冥想之後我第一次領悟到，別人很難跟我交談。

就算透過手機傳遞訊息時，對方也常回覆說不了解我的意思。因爲我常常只是傳幾個單字過去，以我的方式以爲對方就能理解。我對別人感到抱歉，但要改變自己的習慣也不是件容易的事。我從來就沒有想要改變的想法，就算知道應該要改也不行動，就算有人指出我的問題，我仍然照自己的方式生活。

於是我嘗試從寫訊息開始改變。我寫在筆記本上，還去查詢該如何用字遣詞才能傳達，試想對方收到會如何解讀，再來修改內容。隨著內心的改變，逐漸開始了眞正的「溝通」，**找到自己舊有的固執想法並拋開，耳朵也漸漸打開來傾聽別人的話**。回到家，我會認眞聽孩子們說話，如果別人告訴我哪裡有問題，我會二話不說先反省自己，並迅速承認錯誤。雖然還不太熟練，但我很努力這麼做。

不再與人比較

小時候我住在首爾市南山山腳下的敦岩洞，相傳伊藤博文的別墅就在這裡，可見是個充滿位高權重之人的富裕住宅區。好朋友也住附近，我常常去朋友家玩。從日本來的朋友家裡的玩具都是日本製的，模型飛機很帥氣、玩具機關槍發射時會發出閃光，鉛筆也是日本製，床邊還擺了小小的聖母瑪利亞小夜燈。我和朋友經常蓋上被子，把小夜燈拿到被子裡把玩。

父親有位朋友是將軍。他的家中收藏了手槍，還有眞槍實彈，有用水泥磚砌成的堅固狗窩，庭院裡還有蓮花池，還在夏天蓋了一個臨時游泳池來戲水。我常比較朋友的父母和自己的父母，思考爲什麼我父親不是將軍。

即使後來到美國留學，我仍不斷與別人比較。比較各自的研究主題，擔心會比不上別人。從研究室開車回宿舍時，會先在周圍繞一圈，確認韓國留學生房間的燈熄滅了，我才放心回自己宿舍。留學期間我努力學習，同時也被競爭心折磨著。

來到KAIST後，情況也沒有改變，因爲這裡多的是有能力、有名氣的教授。如果其他教授研究取得成果、得獎，並因此聲名大噪，我就會感到不舒服，但我裝作若無其事、假裝不在意。我連自己痛苦的心情都不理不睬，只想著到底是哪裡比不上別人。但這樣的想法也只是暫時的，因爲我不認爲需要反省，那是退休後才要做的事情。

在進行深入的靜心冥想之後，拋棄從小養成的比較心理。小時候雖然家境不錯、住高級社區，但社區裡還是有我家望塵莫及的大富翁；雖然就讀明星學校，但在學校中卻並非最優秀的明星學生。我好像一輩子都在外部尋找幸福，不斷跟別人進行比較，使出渾身解數想比別人更好。開始靜心冥想之後，我對財富和名譽的期望也漸漸消失，像黎明破曉，我的心境也變得清明澄亮。

我也回顧了我的專業領域，旋轉翼研究並不是備受矚目的領域，因此在研究初期曾想過要不要改變，覺得很徬徨。但是在靜心冥想的過程中我拋棄了欲望，自然而然產生了努力做好自己分內之事的想法。當我不去在意別人的視線和看法時，才能專注做自己的工作。同時，對我的工作充滿了成就感和自信，最重要的是，**隨著複雜的心情消失了，做起事來感覺遊刃有餘，就算有了新的工作也不會造成壓力。**

我也開始懂得回顧他人，對別人產生關懷的心，這種細微的變化讓我的心靈感到幸福。我眞的改變了很多，而且持續改變中。別人不只看到我的專業，還看到我虛心聆聽並努力改變的樣子，也眞心爲我高興。很感激從各方面讓我知道自己不足的人，也非常感謝那些毫不猶豫指出我錯誤的人。**越是回顧陌生的自己，就會越自由。我明白幸福不是從外在追求得來的，而是內心的平凡、平靜。**

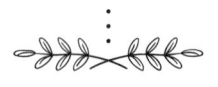

⋯我的靜心冥想初體驗

我是照片？

我已經靜心冥想很久了，但我不是引導者，而是學習者。進行靜心冥想和引導不同，在KAIST開設靜心課之前，我曾尋求專家的幫助，去上了兩週的課。開始時，我了解了幾件事：

一、人用眼睛、鼻子、嘴巴、耳朵、身體，以五感捕捉世界拍攝下來並儲存在大腦中。

二、這照片是人的內心世界。

三、照片不是真的，人的內心世界也是假的、虛幻的。

我了解到我是照片，我的生活也是照片，所幸有辦法可以拋棄這些虛假的照片，這是絕望中的希望。當時我心想「一定要全部扔掉」，把照片都扔掉日子就會好過了，因爲這些內在照片是痛苦和壓力的來源，更重要的是可以找回自己原本的樣子。人生只有一次，彌足珍貴，若能知道人類存在的意義，就能比任何人都忠實於現在的生活。

回顧人生中第一張照片

我最先回想起的記憶，是大概五歲時站在波斯菊旁拍攝的黑白照片。從位於敦岩洞我家的大門出去，就會看到消防署寬敞的後院，院子裡放了消防車的廢輪胎，周圍盛開著波斯菊。那是在什麼都不知道的幸福時期拍攝的照片，什麼都不懂只會玩就好的年紀，或許是對那個時期的想念，將飽受世事折磨的我引向靜心冥想。

所有生活的記憶都用照片保存

當時居住的房子、院子和周遭風景到現在仍記憶猶新。我們家的庭院用水泥打造，廚房是傳統式的，所以比庭院再低一些。我記得燒木柴的爐灶和廚房裡的鐵鍋，還想起了幫父親跑腿買香菸的那間雜貨店的招牌。有一次街道上一片灰濛濛，眼睛辣得睜不開，大概是「四一九革命」（一九六〇年由學生和勞工領導的學運，時因韓國總統李承晚在第四任總統選舉時發生舞弊事件，導致學生及民眾抗議。該次革命推翻了李承晚的獨裁統治，其中最大規模行動發生在四月十九日）那時警方投擲煙霧彈的關係吧。我腦中還浮現綠色車頂的電車，家後面的小溪也隱隱約約出現了。有一次，因爲看見了可怕的陌生人，還把家門鎖得緊緊的。

從童年到中學、大學、留學直至這一瞬間，我的所有生活記憶都儲存在照片中。就像看到電影中水壺燒開、電話響起的場面一樣，當我想起的某張照片時，就會浮現儲存在裡頭當時看到、聞到、嘗到的一切。

照片是假象

許多一起靜心冥想的人，對我們心裡儲存著那麼大量的照片感到驚訝。有人想不起來，也有人不想回憶或不想拋棄。但不管怎麼樣，仍必須回顧自己的人生和心。

我生活在照片的世界裡，在這裡又哭又笑。照片中也包含了情緒和想法。雖然聽說過人生如夢、像泡沫這類的說法，但從未聽過如此明確的說明。

我夢見母親死了，哭得連枕頭都溼了，但醒來後才發現是夢。不管我昨晚做了什麼夢，只要醒來，夢就消失了。我所憶起的照片也一樣，**只要把心拋棄，就能活出眞實**。知道有方法可以實現之後，仍是越想越驚訝。

凡夫俗子也能自我反省

在靜心冥想之前，我以爲自我反省是只有非常特別、傑出的人才做得到的事。我也很想反省自己，但不知道該怎麼做。感覺那對我來說很遙遠的事情，最後還是過著原本的生活。

自我反省從回顧自己的生活開始。就像看電影一樣，看片中主角如何生活。我們回顧自我，也能看到自己是怎麼生活的，然後明白應該丟掉什麼、爲什麼要扔掉。差別只在於這是我的電影、主角是我而已。

兒時經歷是人生的標準

三個兒時的好朋友在長大成人後再相聚。記得以前聚在一起聊天時，都不知道時間是怎麼過去的。朋友也像我一樣，對別人家的家具、電視等更關注。「別人手上的餅看起來更大」這種人類的屬性從小就占據我們內心角落。雖然年紀還小，但如果對方過得比自己好，就會經常去他家玩；如果覺得對方生活比不上我，就會無視對方。

童年的經歷在長大後也原封不動地保留下來。雖然只是在南山山腳下小社區裡的風景，但那時看到和感受到的，不知不覺成了我人生的標準。即使只是孩子小小的羨慕和炫耀的心，但後來才明白那已成爲動搖我一生的長尺，深深扎根於我內心。

看到人生的另一面

重新回顧童年，小時候到外婆家的記憶浮現在腦海，眞的想起了很多照片。無須多言，只是專注地回想，兩、三個小時很快就過去了，連吃飯時間都捨不得浪費。

但越是回頭看，就會發現不是那麼輕易可以拋棄。「原來我是這樣度過的。」心中不斷出現這樣的感覺。在開始進行靜心冥想前，我對自己二十、三十多歲就取得的成就感到自豪，那時滿腹的優越感。四十多歲時遭遇困難，我只能嘆氣說：「爲什麼會變成這樣？」除了挫折感和埋怨沒有其他想法。

雖然感到自豪，卻也令人失望的二十多歲消失了。透過靜心冥想回顧三十多歲的自己，我無話可說。沒有人發現我回顧的過去，但我卻羞愧得抬不起頭來。回顧自我，是在戰勝自己。

與因緣和解

其實我還有個哥哥，因爲戰爭而死，因此我成了珍貴的獨子。從小我就缺乏傾聽、關心別人的美德，成年後也是如此，因爲我的工作很忙，根本沒有時間回顧。

我想起在相簿中哥哥的照片。他是在六二五戰爭，也就是韓戰中不幸過世，當時才四歲。聽長輩們說，他小時候很會跳舞，而且很聰明。後來出生的我背負著要比哥哥更好的心理包袱，把已不在這個世上的哥哥當作我的比較對象，甚至是競爭對手，在我心中占據一席之地。現在想來眞是荒唐，靠著比較得到認可才能安心的習慣，不知不覺在我心中根深蒂固。

回顧過去，一生中遇到的因緣無數，總期待著：每一個人都會感謝我吧？會理解我吧？慶幸自己還是個有用的人。

也常埋怨別人，「我是個文雅的人，不會隨便生氣，是你總挑戰我的極限……」不管什麼事都先怪別人，錯的永遠不是我。別人眼中的我和我認爲的自己存在很大的差異。我是個不知反省的人，但這樣的我開始靜心冥想後，也學會回顧自己，回顧對我來說眞是個奇蹟。

一位女士談到自己的經歷。她的丈夫利用休假一週的時間，進行一趟靜心冥想體驗後回到家，對她表示抱歉和感謝。過去丈夫從未說過這些話，是個從來不會說溫柔體貼話語的人，在家中是絕對權威、嚴格、令人感到窒息的丈夫。連新婚蜜月期間也未曾聽過的「我愛妳」，如今卻從丈夫口中聽到，因此她非常好奇靜心冥想到底有什麼魔力。

她說學習靜心冥想回顧自己之後，才發現原來以前對丈夫不滿的癥結點，其實也出現在自己身上。他們都覺得自己的想法才是對的，因此常常發生爭執，指責對方。在第二階段的學習結束後，妻子回家對丈夫說了同樣的話，對過去感到抱歉，也感謝丈夫與這樣的自己一起生活。以後的日子，相信他們會更幸福。

拋棄後，整個世界就變得平靜了

凡事都有因，也有結果，沒必要怪別人，也沒時間怪別人。我放下欲望，只是照著方法不停地丟，原本鮮明的照片逐漸模糊，然後一個個消失；心清空了，執著也漸漸消失。從某個瞬間開始，過去跟隨我人生的心消失了，不安的我也消失了，整個世界變得很平靜。這是非常神奇的事，從體驗的第一天開始，雖然屢屢強調「我」的存在是假象，但內心無法理解就是無法理解。

「我」這個存在是「假的」，直到我消失之後，才明白是假象，對存在的「我」始終執著的是我。沒有假象的我，就只剩下宇宙了。我別無他求，因爲沒有比這更令人高興的了。以前會感到疲憊、苦惱、徬徨失措都是因爲不知道這種心情，這天的覺醒成爲我人生的一大轉折點。

我度過了人生中最有意義的兩週，帶著滿滿收穫回家了。簡單描述一下那次靜心冥想的體驗，在進入靜心冥想過程中，會發現聽到和看到的東西都會成爲自己的心。如果說得太詳細，我擔心會妨礙讀者靜心冥想，就點到爲止。

靜心冥想課程結束後去學校，對其他教授覺得很感謝，他們都是非常優秀的人，我看待世界的眼光也發生很大的變化。**很感謝我討厭過的人，也感謝討厭過我的人，如果沒有他們，我心裡許多的厭惡之情都無法拋棄，也不知道自己有那麼想得到別人的認可和寬待**。在這世界上沒有一個不值得感謝的人——我意識到，如果不想讓這種心態改變，就必須不斷學習。在經歷了兩週的靜心冥想初體驗後，我開始時常去學校附近的社區中心幫助他人。

靜心冥想和清空的心

對金錢的執著

透過靜心冥想，每個人都會放下追求物質的心。我也曾認爲錢是幸福的標準，這種價值觀是理所當然的。但是對錢越關心，生活就越容易因爲錢而喜或悲，我也經歷過那血淋淋的地獄。

有人雖然賺了數十億，但並不幸福。第一次賺到一億的時候最幸福。爲了賺錢，傷了身體、夜不成眠、沒能好好休息，這樣是本末倒置。若是成爲金錢的奴隸，努力賺錢，反而因爲那份執著而賺不到錢，身心都會受傷。

「無所有」的本意是心中一無所有，心靈貧窮就是要清空心靈的意思，如果不爲金錢執著，那麼在任何情況下都不會被迷惑，可以做出正確的判斷。

自卑感

沒有人能擺脫自卑感，因爲人類從出生開始就很脆弱，需要依賴。小時候來自於和哥哥比較的自卑感，成爲我努力的動機。但是在中學時期意識到的自卑感，在我日後儘管取得了可觀的成就，卻依然深植在內心。我在靜心冥想的過程中，回顧並找出自己的自卑感、優越感、無力感、挫折感、虛榮心和炫耀欲，然後把它們都丟棄。從此我不再因別人的評價和目光而動搖，可以將心力放在尋找自己想做的事情，讓我擁有在我的領域中充足發展的能力。

拋棄在意他人目光、害怕別人評價的心，取而代之的是產生了勇氣。因爲不再患得患失，所以更能享受學習，得到很好的成果。比較、競爭、好勝的人生並不是全部，這世界也有互相幫助、互相合作的共存人生。

渴望認同

曾經以爲得到別人的認同會很好，但這並不是全部。因爲只要得到一次認同，就會想得到更多，於是更在意別人眼光，即使不喜歡、不願意，也會說「好，沒關係」而答應別人的要求；就算喜歡、想要，也會說「不用了，我沒關係」而對別人讓步。雖然心裡想著「不是這樣的……」但因爲擔心被人們冷落，所以不敢坦率表達。如果不能得到別人的認同，內心會被痛苦折磨，討厭、怨恨、自卑、自我貶低等情緒產生，簡直跟地獄沒有分別。如果得不到認同，就會感到孤獨空虛，感覺自己成了無用之人。由此可見，我們是多麼依賴他人的稱讚和認同。

這對我來說是很難拋棄的心態，但是拋開依賴他人評價的想法後，會感覺很輕鬆。不必在意別人，因爲對我的人生不會有任何影響。我領悟到，凡事只要自己認爲盡心努力，不需要強調想做得多好，也不必炫耀自己做得多好，與他人平平淡淡自然相處，沒有必要努力得到他人的認同。

孤單

現代人常在感到很孤單、痛苦時，卻沒有人可以敞開心扉說話。我也一樣，心裡很疲憊時，卻無處可傾吐，感覺自己被孤立；別人似乎都在迴避我、不喜歡我。因爲覺得很痛苦，所以希望別人可以了解我的心情，希望別人對我好一點；如果別人沒有那樣做，就會心生埋怨。

但是仔細一想，沒有比這更好笑的事了。因爲我從來沒有爲別人這樣做過，就算是我的家人向我傾訴心裡的苦悶，我也當作聽不到，根本就不在意。我眞的很自私。

誠實地回顧自己不是件容易的事，但不管怎樣都要好好地反思，將那個凡事都自以爲是對的、狹隘的心態拋棄。那麼對待別人的心會改變，對方也會看起來不一樣，不是以前所認識的那個人。唯有我敞開心關懷別人，別人才會關心我。

恐懼與不安

有人擔心天會塌下來，我也會害怕一些沒發生的事。小時候看到父母吵架，我會戰戰兢兢看大人眼色。會覺得父親罵人很可怕，狹窄的巷弄也很可怕。爲了克服恐懼，我還去學了一年的合氣道，但還是覺得體育課的跳箱、登山時必須攀越的岩石很可怕。

恐懼的範圍擴大，不安感也會逐漸擴大。在別人面前說話、朗讀、演講都令我害怕。我的心變得很軟弱，一旦陷入恐懼之中，就無法承受，也沒有勇氣面對。腦子裡一片空白，無論如何都只想著要躲避、逃跑。但越想逃，不安感就越大，感覺越茫然。

透過靜心冥想，了解到恐懼是擔心未來的心情。怕遇到可怕的人、怕被父親責罵、怕死在飛機上、怕受傷、怕出錯……都是提前擔心還未發生的事情，眞是膽小。如果不是靜心冥想，我可能一輩子都會躲在不安的背後。了解心是假的這個事實，對我來說是希望。現在不安感無法傷害我，因爲我不再害怕也不會逃跑。回想起來，那些不安感會讓我更專注，更努力做好準備，所以「不安」也值得感謝。

變幸福的心情

也許現在很幸福，但是無法保證明天也會幸福。每個人都希望過幸福的生活，但不會永遠幸福，當然也不是光「希望」就能得到幸福。從小我只要擁有想要的東西就覺得很幸福；如能得到別人沒有的財富和名譽，感覺更幸福。但如果不知道眞正得到幸福的方法，就常常會陷入絕望和不幸之中。

或許當下覺得能夠進入自己理想中的學校很幸福，但眞正入學後，一定會發現現實與想像不同。順利錄取進入夢想中的公司，但職場往往是全新的壓力、競爭和不安的開始。追求幸福的心中沒有幸福，因爲其中已經隱藏了害怕不幸的心。**如果連想得到幸福的心都能拋棄，那麼在任何條件下都能變得幸福。**

第三部

…

靜心冥想的科學效果

人爲什麼要靜心冥想？

一切源自於心

靜心冥想後，很多人說「壓力消失了」「產生積極正面的想法」。不僅是學生，上班族、家庭主婦、運動員、飛行員等各種職業的人也有這樣的反應。我也一樣，拋棄了和別人比較的心態，即使整天忙碌，東奔西跑也不覺得煩躁。我可以更專注地工作，因爲不再浪費精力去在意別人的目光。消極的想法消失後，自然而然就會產生積極的變化。

靜心冥想後，周圍的人看起來都很偉大，也自然而然地產生感恩的心。以前一直用自己的標準來判斷別人，這讓我感到很慚愧。最重要的是，靜心冥想讓我的內在只留下眞心，對待別人時自然是眞心以待。人們會因爲各種理由進行靜心冥想，例如「想過幸福的生活」「想擁有內心的平靜」「想解決人生問題」……不管是什麼理由，只要回顧自己並拋棄過去，所有問題都會得到解決。爲什麼呢？因爲一切都源自於「心」，一切都是從心裡開始的，所以也要從心裡擺脫，由心實現。

拋棄了心之後產生的效果

第一、人際關係會變好

沉重的心會讓我們在傾聽、接受和理解別人的話時感到很辛苦，會認爲自己的想法才是正確的，如此一來就容易產生衝突、覺得被孤立而感到孤獨。如果拋棄自己的心，就不會以自我爲中心，更能敞開心胸傾聽對方說話。能夠接受和理解他人的心，必然會受到大家的喜愛。

第二、懂得如何和人一起生活

各自堅持自己的想法，聚在一起時就容易吵架。表面上雖然都帶著笑容，但彼此心裡互相猜忌、排擠、不夠坦率。只有懷著感激和寬容的心，才能順利做好該做的事，過幸福的生活。拋棄過往的心，就能了解人存在的價值。每個人都是珍貴的存在，在一起可以互相合作，沒有做不到的事，也更能分享生活的樂趣。

第三、加強能力、邁向成功

想法複雜、煩惱多的人通常執行力不足，因爲會一直想著做不到、做不好、做不完該怎麼辦，這些負面想法就是阻止我們發展的障礙。如果拋棄消極的心態，就可以一步步實行完成目標。

另外，人總是希望擁有自己原本沒有的東西，如果可以拋棄這種欲望，就能心無旁鶩盡全力做好現在的工作。成功是眞誠努力的結果，這就是能力。

第四、越來越健康

人的病痛大多是來自於心，心裡有壓力、鬱悶，就會影響身體，如果能消除壓力，身體自然會健康。身體和心靈是一體的，若能將被堵塞的心打通，氣血就會順暢，也能提高免疫力。

現代社會很多人都有失眠的困擾，失眠的主要原因是想太多，會想太多通常是因爲無法消化想法和情緒。想法再多，只要好好解決就不會成爲問題。然而不知道解決方法，就會感到苦惱，煩惱和妄想一再出現，就會造成失眠。如果白天過得充實，再透過靜心冥想把這一天清空，晚上就可以睡個好覺。

有一種說法，時常靜心冥想的人看不出年齡，而且看周圍的人也覺得年輕了十歲，這是因爲清空了心的緣故。根據自己的身體狀況從事合適的運動，吃適當的飲食，就能過穩妥而健康的生活。

靜心冥想應用在教育中的成果

接觸了靜心冥想之後，我很自然地想將它應用於教育領域，希望下一代不要再過著競爭和互相傷害的生活，而是可以和諧共存。這是進行靜心冥想的教授或老師們聚在一起時，共同的想法。

一群志同道合的教育者聚集在一起，於二〇〇八年成立了全人教育學會。二〇〇九年在KAIST召開第一屆學術大會，發行學會雜誌。初期我擔任學會理事，並在二〇一六年擔任會長。全人教育學會開發靜心冥想課程，以作爲人性教育的替代方案，包括幼稚園、國小、國中、高中的校內課程，還有大學人文教養教育課程，以及爲教育者規畫的療癒及強化能力課程等。另外也深入社區，開設增進居民幸福和精神健康的課程，培養人性教育的種子講師，並舉行許多活動讓民眾可以親自體驗。每年召開的學術大會上，不僅是教育者，還有專家學者齊聚，發表及共享各項活動的迴響及研究結果。靜心冥想在教育領域的各處都產生了明顯的效果，讓我們從中看到希望。

接下來就以學會進行的研究爲中心，介紹靜心冥想的效果。靜心冥想效果也顯現在研究論文之上，在〈第七堂課〉中提到過的腦神經科學家克里斯托夫·科赫曾提出疑問：「靜心冥想與人類的智慧和意識有什麼關係？」希望接下來的分享可以提供各位解答。

靜心冥想的效果一

幸福

不會消失，也不會遺失的幸福

我在人生跌入谷底的時期，精神上很疲累，而要承擔跳票的壓力眞的很艱難。但透過靜心冥想讓我度過了危機，我沒有絕望，而是努力地還清債務。雖然最後沒有剩下什麼財產，卻反而感到無比幸福，像要飛起來一樣，甚至還有餘裕請朋友喝茶。我眞心感謝我所屬的學系，當時了解我的狀況後進行了小小的募捐。如果幸福沒有標準，那麼在任何條件下都能感受幸福，就是現在這一刻存在的喜悅，因爲不是徒勞無益的希望，所以每個瞬間都很幸福。

哈佛大學正向心理學專家塔爾·班夏哈教授說：「幸福是從審視自己的內心開

始。」[12]而靜心冥想可以做到這一點。

大學生的心理健康、幸福指數、幸福感

韓國大學生的幸福指數偏低，而這項指標也顯現在年輕人的高自殺率上。韓國在三十四個OECD（經濟合作暨發展組織）會員國中，自殺率居首位，歷年大學生自殺人數平均一年達到二百三十人。根據韓國統計廳發布的《二〇二〇年死亡原因統計結果》顯示，所有年齡段的死亡率都在下降，唯獨二十多歲青年的死亡率增加了五．八%。

幸福指數是衡量自己有多幸福的指標，二〇一〇年韓國心理學會根據韓國人的文化特點，進行幸福指數調查，結果爲六十三．二二分。二〇一〇年訪韓的幸福心理學大師艾德．迪安納教授曾表示：「從近期由一百三十個國家收集而來的蓋洛普調查資料分析結果顯示，雖然經濟水準很高，但韓國人的生活滿意度在一百三十個國家中處於中等，感受到喜悅等正向情緒的程度則居末。」特別是大學生的幸福指數爲五十六分，比其他年齡還要低。我在大學靜心冥想夏令營開始前調查的大學生

幸福指數也差不多，結果為五十六・三二分。

靜心冥想大大提高了大學生的幸福指數。我以參加靜心冥想夏令營一週的一百六十名大學生為對象，調查幸福指數。每天靜心冥想六次，每次一小時三十分鐘，結果幸福指數在一週內從五十六・三二分（滿分一百分），增加到六十四・五二分，幸福感也從六十・八三分增加到七十・三三分。

參加夏令營的學生們的心理健康也獲得改善。我們設計了一份問卷，由包括針對自律神經系統影響的循環器官、消化器官、呼吸道及其他器官的不適，頭痛、疼痛等身體功能異常生理方面的十二個問題，以及像強迫、憂鬱、不安、對立、偏執等九種心理層面症狀的九十道問題所構成。結果顯示，心理層面那九種症狀大幅減少。一個星期的靜心冥想可以出現這樣的效果，意義重大。

靜心冥想夏令營參加者前後的變化

靜心冥想是如何改變大學生的心呢？從學生在文章中使用的字句就可以看得出來。我分析了參加靜心冥想夏令營的九百二十八位學生的後記，這是從二〇一四年

靜心冥想前

靜心冥想後

到二〇一九年五年間，參加第二十五～三十一期夏令營的大學生所留下的感想，在自由形式的敘述中分析單詞使用的頻率。

在學生參加夏令營之前，使用頻率最高的單詞是「累」，其次依序爲「擔心、壓力、懷疑、苦惱」。經過七天六夜的靜心冥想之後，「感謝」成爲使用頻率最多的單詞，其次是「幸福、一起、感激、眞心、喜歡」。

即使以不同時間或某個基數（例如以第二十八期的一百四十五名學生爲對象）進行分析，結果也大致相同（請見下頁圖）。

爲了分析單詞使用頻率而收集大學生的後記，從中如實呈現大學生的苦惱和變化。雖然只是其中一部分，感覺有點可惜，但看到他們透過自我省察，發現曾經拋棄的記憶仍抓住自己，進而克服了倦怠和心理創傷，感到很欣慰。我非常感謝那些改變了心、改變面貌、改變生活的學生，知道除了讓我人生改變的幸福之外，還有其他各種形式不同的幸福。希望年輕一代都能像這些學生一樣開朗、幸福。

靜心冥想前

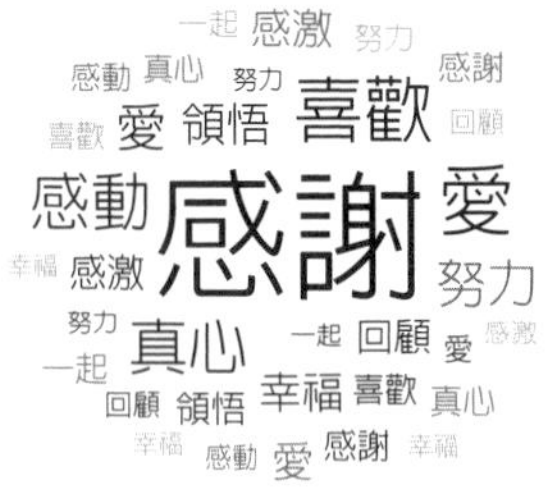

靜心冥想後

靜心冥想的效果二

腦波的變化

八萬件資料中首次出現的腦波圖

我關始關注腦波，是在KAIST進行靜心課的時候，雖然之前靜心冥想的過程中，也經歷了身體越來越健康、頭腦變得清晰、注意力更集中的變化，早已確信靜心冥想可以提高大腦功能，但並未特別多加研究。後來在學校開設靜心課，又在Coursera開設講座，與腦科學專家有了更進一步接觸，才將關注具體化。

我與其他教授們一起研究靜心冥想如何改變大腦，想用實際整理學生的變化和我靜心冥想時的經驗爲指標。雖然我對腦科學領域所知有限，研究也只是剛剛開始，但靜心冥想的效果是確切且明顯的。

腦波測定專門機構財團法人韓國精神科學研究中心，以簡單的方法測量我的腦波，當時參與測量的專家表示，我的腦波報告是「研究中心歷年來測量過八萬份資料中，第一次看到的腦波圖」。我在閉上眼睛時的 α 波*明顯而強烈，睜開眼睛時的 β 波**也很清晰乾淨。

青少年及教師靜心冥想後的腦波變化——集中力、記憶力、解決問題的能力提高

我與教授們最先測量的對象就是青少年和教師，因為很好奇進行靜心冥想前後他們腦波會有什麼變化，在額葉和枕葉會有什麼反應。還有透過靜心冥想出現的心理變化也會顯現在腦波上。

由忠南大學神經外科教授金在文測量靜心冥想前後十六頻域的腦波，再由高麗大學神經科教授鄭基永（現為首爾大學教授）進行分析。分析結果顯示，青少年靜心冥想後，α 波中 10~12Hz 的高 α 區域，其中的 α2***明顯減少，這代表注意力向內在的集中度提高。

在參加青少年靜心冥想夏令營（二〇一一年十二月三十日至二〇一二年一月十八日，共二十天）的三百五十七人中，經家長同意，我們對其中十六人的腦波變化進行了測量。另外參加教師自律研修會（二〇一二年一月七日至二〇一二年一月十四日，共七天）的十六名教師也參與了測量。他們以前都從未接觸過靜心冥想，經過七～二十天的靜心冥想體驗，出現的腦波變化別具意義。

青少年和教師都同樣出現腦波中的 $\alpha2$ 減少，也就是說注意力明顯向內在集中。拋棄過去記憶照片的靜心冥想，與腦中與視覺相關的枕葉產生了變化，這其實是預料中的結果，但是額葉的變化卻是意外，更顯意義重大。額葉掌管記憶、思考、推理、計畫、運動、情感、解決問題等高度精神作用，是維持人類的人性本質並使其成熟，履行與其他哺乳動物區分的最複雜功能的領域。

一般普通的冥想會讓 α 波增多，但靜心冥想後 $\alpha2$ 減少了，這代表內在集中力

---

* α 波：人在安靜、身體放鬆、大腦休息狀態出現的腦波。

** β 波：在神經系統活動時出現的腦波。

*** $\alpha2$ 減少，注意力向內集中。

和認知度都出現改善。⑬令人驚訝的是，測量對象是以前未接觸過靜心冥想的一般人，在短短一週到半個月的時間，就得到這樣的成果，相當振奮人心。

尤其是教師們在枕葉的腦波變化尤爲突出。靜心冥想就是拋棄大腦中儲存的訊息，而我們的大腦中儲存了很多視覺訊息，因此枕葉的變化才會如此明顯。如果靜心冥想時間能夠持續長久，額葉也會出現顯著的變化。

在青少年中，α2的變化出現在整個大腦，特別是在額葉。額葉是在青少年時期發育的，因此額葉在青少年身上產生的變化具有很大的啓示意義。而在與視覺相關的後腦部分，左腦和右腦的α2也降低了，特別是左腦明顯減少，而在前腦部分則是左右減少的幅度較平均。

大腦功能指數的變化——注意力和抗壓力整體提高

大腦功能指數是以所有指數爲基礎，來綜合評斷大腦功能。與IQ和EQ不同，是直接測量腦波，所以可以提供更準確、更廣泛的訊息。以大學生爲對象調查結果顯示，靜心冥想四週後腦功能指數的平均值從靜心冥想前的六六・〇三上升到靜心冥想後的七二・〇八，增加了九・一六%。大腦調節能力大幅提高。教師們也出現同樣的結果。值得注意的是，注意力指數*和抗壓力指數**等右腦的功能都改變了。當左腦和右腦實現均衡時，就可以優化大腦功能。

這是以二〇一二年十二月參加大學生靜心冥想夏令營的學員，在營隊結束後仍維持靜心冥想習慣四週的十一位學員爲受測對象，另外還有在二〇一三年一月參加研修（八天七夜）的三十二名教師，也一同受測的成果。

靜心冥想提高了大學生的大腦功能和調節能力，不僅注意力和抗壓力提高，大腦功能指數也大幅進步。另外，從將部分受測對象的原始腦波轉換成三D立體圖表的腦波變化來看，可以發現在靜心冥想後腦波整體趨於穩定，顯示情緒指數***非

* 注意力指數是根據年齡標準判斷大腦覺醒程度的指數。如果指數高就代表大腦清醒，處於免疫功能高的狀態。「靜心冥想」有助大學生的大腦覺醒，提高注意力。教師也在靜心冥想後注意力指數顯著增加。

** 抗壓力指數是由內外環境因素引起的生理、精神上壓力抵抗的數值。抗壓力指數越高越好。靜心冥想後教師和大學生的抗壓力指數均呈增加，顯示不僅是主觀感受的抗壓能力變好，在腦波上也呈現有意義的變化，可見「靜心冥想」可以幫助人們對抗壓力。

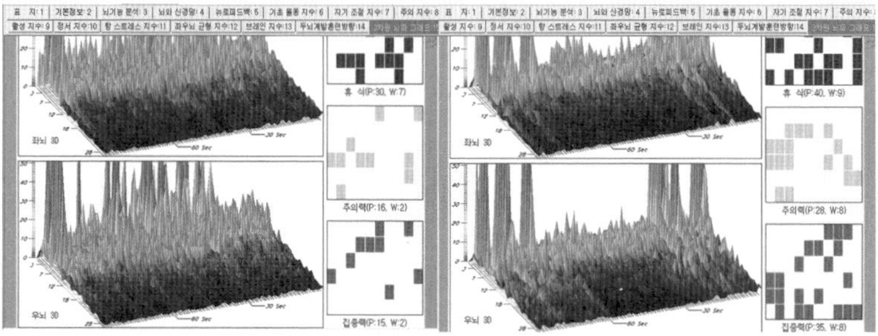

教師A靜心冥想前（左）和靜心冥想後（右）的3D腦波圖像

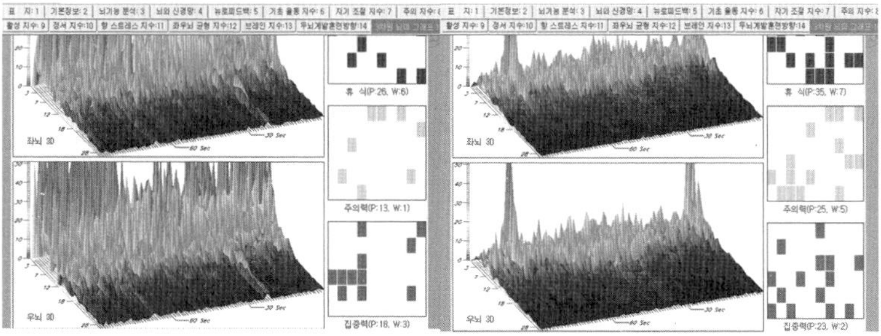

教師B靜心冥想前（左）和靜心冥想後（右）的3D腦波圖像

圖3-1　靜心冥想前後腦波圖像

常穩定。

從腦波圖可以看出，在靜心冥想後，集中力、注意力以及放鬆程度都增加了。

圖3-1顯示的腦波是在靜心冥想狀態下睜開眼睛、閉上眼睛、重新睜開眼睛時的訊號。左邊是靜心冥想前，右邊是靜心冥想後的腦波。橫軸都有三十秒和六十秒的時間單位標記，縱軸則顯示腦波的頻率（赫茲，Hz）。

靜心冥想前，教師A的腦波不論在睜眼或閉眼狀態，左、右腦的腦波都不穩定，但在靜心冥想後則呈現穩定；特別是在閉眼的三十秒和六十秒之間，右腦的腦波明顯穩定。閉上眼睛時8～12 Hz的α波被活化，睜開眼睛時12 Hz以上的β波被活化，閉眼和睜眼時的狀態在靜心冥想後有明顯差異，這充分表現出靜心冥想後右腦的穩定狀態。

在每張圖表右邊都標示了放鬆、注意力和集中力的分布狀態。可以看出靜心

……………………

*** 情緒指數以α波（8～12 Hz）爲中心，可以觀察情緒的穩定狀態。左腦的α波減去右腦的α波後，如果數值爲正值代表情緒憂鬱；如果爲負值則代表開朗狀態。教師參與靜心冥想前腦波測量顯示爲八十二．二四，靜心冥想後小幅增加到八十三．〇四，但呈現「非常穩定」狀態。

冥想前後放鬆度從三十提高到四十、注意力從十六提高到二十八、集中力從十五提高到三十五。特別是注意力和集中力都大幅提高。這些指數的變化意味著大腦覺醒時，表現自律神經系統調節能力的自我調節指數大幅提高。

教師B的腦波在靜心冥想前，無論睜眼或閉眼腦波都不穩定，靜心冥想後則相對穩定。閉上眼睛三十秒和六十秒之間，左腦、右腦都出現明顯的α波。和教師A一樣，圖表右側的放鬆、注意力、集中力分布區塊也在靜心冥想後大幅增加。

在心理學中將大腦與「心」視爲同義詞，並認爲形成心的基礎物質是大腦。換句話說，心在生物學上是大腦的作用，當大腦的所有功能被活化時，就會體現在心上。因此我們可以說心是受到大腦功能的影響，腦與心息息相關。

我的變化就是大腦的變化，能讓大腦改變的只有心。不是一味地塡滿，而是要清空，把心底的沉澱物去除，就可以做到。

靜心冥想的效果三

減少壓力與憂鬱

比較心態是最大的壓力

我們每天承受最大的壓力就是和別人比較。想起在學校任職期間，幾乎每天都會聽到誰獲得什麼獎項、誰又進行什麼大型研究等訊息，不知從什麼時候開始，這些訊息讓我很在意。

來到KAIST，從一開始寫論文就成了壓力，有人寫得又多又好，相較之下似乎自己寫得不夠好。就算升等之後，寫論文依然是壓力。幸好後來接觸了靜心冥想，在回顧自我時喚起了習慣比較的心態，然後把它拋棄。去除之後心情輕鬆，壓力也就自然消失了。雖然行事曆上依然排滿了行程，但心裡卻是很從容的。

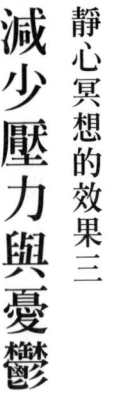

常有學生說我看起來很溫和的、經常笑臉迎人。這也是因爲在開始靜心冥想後心靈產生餘裕，人一輕鬆，自然給別人的印象也會變。以前認爲凡事都要照我想要的方向進行，無法接受人生有多種樣貌，因此經常會忍不住發火，對一點無關緊要的小事也會不耐煩，也有對自己生氣的時候。那時，對不理解我的人也很在意。但在接觸靜心冥想之後，我終於可以放下這種自我折磨的心態。

憤怒、不安、憂鬱、壓力的根源

透過靜心冥想，我發現自己與父親的相似之處。父親其實對我很好，但一發起脾氣會讓人恐懼。小時候與姊妹們一起做完功課後，曾把房間弄得亂七八糟，父親下班後回家看到，不分由說就把書全都扔到院子裡，他的脾氣就是如此暴躁。

我的個性雖然比較溫和，但有時候也會忍不住情緒爆發。這些經歷大腦都記得，我的細胞也記得。那不僅是單純的記憶，還包含了與憤怒、煩躁、壓力交織在一起的想法和情緒，即使知道「我不應該這樣」，但最終還是忍不住爆發。以前認爲那些來自原生家庭的成長經歷會跟著我一輩子，但現在知道只要我想拋棄，就可以拋棄。

現在就算根深蒂固的習慣都有方法可以扔掉，因爲學會了靜心冥想。雖然偶爾還是會像以前一樣習慣「不是，我的意思是……」堅持自己的主張，但只要回顧記憶照片中的樣貌，就可以拋棄掉，再以全新的我出發。

二十世代的憂鬱和壓力

根據二〇二〇年韓國創傷壓力學會主辦的「國民精神健康狀態」調查顯示，整體來說，二十多歲的青年比其他年齡層憂鬱。感覺現在的年輕人都很不快樂，普遍表示「疲勞、睡眠障礙、沒有希望」等狀況，常會持續好幾天甚至一週以上。

用憂鬱症篩檢工具來進行調查，顯示約有二〇%的人正在經歷危險程度的憂鬱。以年齡來看，二十～三十歲的人約占二五%，比其他年齡更危險。心裡會有「還不如死了算了，或習慣性自殘」的二十世代年輕人比例達到一六．九八%。情況非常不好，所以韓國政府也開始討論推廣「大學生心理健康的支援方案」。

大學生的憂鬱程很高其實並不是新聞，已經持續一段時間了。在韓國，有五四·九%的人患有憂鬱症，而且都承受了中度以上的壓力。二〇一八年一份報告指稱，首爾大學在校生中有四六·五%患有憂鬱症。

經歷過二〇一一年的KAIST事件後，每次看到這樣的消息，我都會感到責任重大。在擔任全人教育學會學術理事時，就已經有一群教授關注和研究這個議題，若能透過靜心冥想拋開那些造成憂鬱的想法，一週內大學生的心境就會發生變化。

我們針對在寒假期間參加八天七夜營隊的七十九名大學生，進行靜心冥想對大學生的憂鬱、壓力、不安及自我尊重感產生何種影響的研究。發現靜心冥想後，大學生的憂鬱程度從七十二·八分大幅降至二十八·八分。憂鬱是從正常情緒轉變到抑鬱、無力感、無價值感的病態狀態，靜心冥想後學生們大大脫離了這些狀態，而造成憂鬱的基本因素——情緒症狀、認知症狀、動機性症狀、生理性症狀也都減少了。

壓力指數從五十三分降至四十三·六分，壓力的基本症狀如認知失調、不安、憂鬱、憤怒都減少了；意識到威脅而不安的性格也從五十九·六分下降到四十六·七分。性格不穩定是與特定危險或威脅性環境有關的壓力反應，在暴露出來前會持續處於越來越不安的狀態。

自我尊重感則從七十一．一分增加到七十九．九分。尊敬自己、認爲自己是有價值的，這就是自我尊重。如果把心清空，就可以迅速擺脫憂鬱、不安、壓力等負面情緒。而且自我尊重感會從去除這些消極心態開始發生變化，自我尊重感是隨著回顧人生記憶中的想法而提高的禮物。

靜心冥想，還能避免手機成癮

青少年和年輕人的精神健康最需要注意的，就是沉迷於智慧型手機。現在許多青少年對手機十分依賴，出現了相當嚴重的中毒症狀。根據調查公布的資料顯示，韓國青少年每天上網時間約爲三～四小時以上，睡眠時間減少到只有五個小時左右。手機成癮對日常生活會造成嚴重障礙，出現類似抗藥性和戒斷的現象。因人際關係主要在網路上進行，認爲在網路上往來更自在。其心理上感到不安和憂鬱的情況很常見，容易衝動、攻擊性也比較高，在現實中的人際關係中出現問題或感到孤獨的情況很多。

二〇二〇年韓國科學技術情報通信部以全國一萬戶家庭爲對象進行調查，結果顯示在智慧型手機的用戶中，過度依賴的危險族群比率爲二三．三%。使用者自覺到過度依賴的嚴重性比率高達八三．七%。也就是說，對智慧型手機過度依賴的並不只有青少年或年輕族群。

二〇一五年，以小學三年級的學生爲對象，研究靜心冥想對減少手機成癮的效果。研究設了實驗組和對照組，每組皆爲二十二人。實驗組每週靜心冥想三次，每次三十分鐘，持續八週。結果對手機成癮的傾向，從靜心冥想前的三十四．八分，減少到二十二分，三個月後爲二十三分，可以算是持平。

小學生透過靜心冥想明顯減少了對智慧型手機的依賴，三個月後也還是可以維持；而未進行靜心冥想的對照組在同樣的時間內，手機成癮的狀況明顯增加。研究證明，如果未採取特別措施，就會出現加速上癮的現象。

在以高中生爲對象的實驗中，每週進行二次靜心冥想，每次二十分鐘，進行十二週。同樣分爲實驗組和對照組，各有二十六名學生。實驗組進行靜心冥想，對照組則閱讀自己想看的書。結果顯示，對手機成癮而引起的日常生活障礙、戒斷症狀及抗藥性，從靜心冥想前的七十五．三降到六十五．八分，可見得到良好的改善。靜心冥想一個月後，手機成癮程度從六十五．八分又下降到五十八．六分；相反的，對照組的手機成癮程度初期比實驗組低，爲六十七．六分，十二週後爲六十五．八分，一個月後爲六十四分，下降幅度較不明顯。

學生在靜心冥想後的自我控制能力也提高了；面對壓力時，尋求社會支持、應對問題的能力也提高了。壓力指數從七十七．九分降至五十六．七分，十分具有意義。靜心冥想後一個月後，壓力指數又再降至四十五．四分。値得注意的是，不僅精神健康獲得改善，而且還能持續維持；但對照組在同一時期並沒有明顯變化，一個月後也依然沒有變化。

靜心冥想的效果四

減少認知偏誤

錯覺是自然的嗎？

小學四年級時，加入合唱團學習了頭腔發聲法。一板一眼的我按照所學用頭腔唱歌，結果被朋友們取笑。從那時起，我就不願意站在別人面前表現自己，不喜歡上國文課，因爲要念課文，逼不得已被老師叫到時，都會緊張得發抖，這樣的不安狀態一直延續到中學。

因爲感覺會被朋友嘲笑，所以腦子一片空白，還有害怕成爲笑柄的這些想法，全都是認知偏誤*。在意想不到的瞬間出現的幽閉恐懼症也是一樣，感覺自己好像要窒息而死的恐懼也是認知偏誤。我並沒有躺在地下，也不在礦坑裡。這些雖然都是荒唐的錯覺，卻折磨了我好久。

人類被自己創造的想法所欺騙，我了解到不只是我，也有很多人被認知偏誤折磨。我在進行靜心冥想兩天後，就擺脫了恐慌的認知偏誤。我認爲要減少認知偏誤，最有效、最科學的方法，就是要先意識到自己的一切想法都是假象，然後全部清空。

九〇．九%以上的韓國人都有認知偏誤

二〇一六年正式展開關於韓國人認知偏誤的研究。韓國保健社會研究院發表了名爲《韓國國民的健康形態和精神習慣現狀與政策應對》的研究報告書。⑭這是以一萬名韓國人爲對象進行的精神習慣調查。根據結果，在研究的七個領域、三十二個項目中，有九七．二%的韓國國民擁有一個以上的精神習慣。

＊意指周邊事件或情況意義的訊息處理過程中犯下的系統性錯誤，將個人的推測與事實或現實混爲一談。

該報告書還告訴我們，人的想法基於許多錯誤和誤解，以下就舉幾個關於認知偏誤的精神習慣。

一、**任意推論**：如果人們在決定某件事情時不徵求我的意見，我會認爲那是無視我的存在（即沒有事實根據，或是根據與事實相違背，也會任意做出自以爲正確的結論）。

二、**選擇性抽象化**：認爲只看部分就知道整體（在各種訊息中，只選擇將自己的想法或感受正當化的訊息，將其解釋爲整體）。

三、**個人化**：當我接近時，原本正在討論事情的人突然都不說話，那麼我會認爲他們正在談論我（任何無關的事件或事實都認爲與自己有關）。

四、**二分法思考**：認爲世上所有事都只有對和錯（世界上所有事情在絕對標準下分爲對與錯、黑與白的思考邏輯）。

除此之外，還有例如「我是做了什麼才會遇到這種事情」「我的未來好像很灰暗」「以後發生在我身上的事，壞事一定比好事更多」「不管做什麼，一開始就在擔心這個、擔心那個」等的想法。

報告書中出現的精神習慣中，認知偏誤（九〇・九％）、反覆回想（八二・四％）、擔心（七〇・八％）等比例較高，尤其是認知偏誤高達九成，這代表人是懷著複雜的想法和心情生活。「認知偏誤」這個詞中包含了錯誤的想法和判斷導致的誤會，以及由此引發的所有擔憂、生氣、不安、壓力，此時進行清空心靈的靜心冥想，證明可以減少認知偏誤。

誤會和推測，造成壓力的認知偏誤

認知偏誤相當於精神習慣。靜心冥想可以回顧記憶中的想法，找出根本原因，也就是回顧自己的心態習慣。誤會和推測、只有自己是眞理的自我主張、固執、固有觀念、自卑感……各種負面想法都是引發認知偏誤的心態習慣，這些是養成的記憶，靜心冥想可以從根本回顧，拋棄心理和身體的習慣。

二〇一七年和二〇一八年，以參加大學夏令營和教師靜心冥想研習會的參加者爲對象，調查靜心冥想前後認知偏誤的變化。針對二〇一七年六月參加大學靜心冥想夏令營的一百二十八人進行調查，結果顯示靜心冥想前認知偏誤的強度爲五十五分，低於韓國人總平均的六十一分；經過五天四夜的靜心冥想體驗後，發現強度減少到四十三分，約減少了二一%。而參加二〇一八年教師靜心冥想研習會的五十八人，靜心冥想前認知偏誤的強度爲八十二分，這數值相當高；但在八天七夜的靜心冥想後，強度下降了二四%，爲六十二分。

根據韓國保健社會研究院的報告書顯示，年齡在五十世代的人認知偏誤強度最高，二十世代最低。教師的平均年齡爲五十一・四歲，大學生的平均年齡爲二十二・四歲。教師在靜心冥想前認知偏誤強度較高，大學生相對比較低，這也與韓國保健社會研究院的報告書一致。

靜心冥想的效果五

自我理解和省察

我不認識自己

人們理所當然認爲最了解我的人就是自己，但事實上認識自己並不容易。如果在人生中從未回顧自己、深刻反省，那麼我所認識的自己也只是「我腦海中的照片」而已。儘管如此，大多數的人還是自以爲對自己無所不知。

透過靜心冥想，可以很明確地認識自己，因爲回顧過去的人生，就會浮現具體畫面。經由靜心冥想可以知道，和其他人一起工作的時候會更加了解自己。常聽到「若想了解一個人，只要和他一起工作就知道」，這也適用於自己身上。「每個他都是我的鏡子」，這句話不是比喻，而是事實。

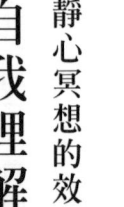

有時候因爲對方會浮現一些心境，一邊靜心冥想一邊回顧，就可以知道因爲我內心深處的照片，產生了什麼情緒。如果心裡沒有了照片，不管對方說什麼話或做什麼行動，都可以維持平常心。歸根究柢，因爲我的內在有某個原因，所以才會有這樣的心境。所以應該要感謝那個讓我有這樣心境的對方，我才能知道自己內在的問題。

在做研究時，經常在實驗室裡和學生們一起待到深夜，而且是好幾個人同時投入。大家不分晝夜認眞研究，我身爲指導教授，也細細檢查每一位學生做的事。有一次聽到一個學生通宵進行實驗，我感到很欣慰並稱讚了他，同時也點出他漏掉了某個部分要他補進去。第二天再見面，聽到他又熬夜做實驗，實在很努力，但前一天提醒的部分還是遺漏了。我又再提出叫他補進去，然而隔天還是一樣沒有補，再隔一天也是一樣。就這樣反覆了三、四天，我漸漸生氣了。

我問了學生爲什麼這樣，他表示因爲滿腦子想的都是準備要做的事，所以聽過一轉身就忘記了，只照著自己想到的事去做。瞬間我驚覺自己好像也是那樣，忘記在家裡要做的事，只因爲行程太忙了，重覆同樣的失誤和後悔。現在很慶幸我可以時時刻刻回顧自己，經由靜心冥想，每天每天都是全新的我。

未來成功的智慧來自於「自我理解」

一直以來都認爲自己是對的，當這種想法消除時，才會去傾聽別人說話。要拋棄揣測、誤解別人話語的心，才會想認眞傾聽對方說話。

靜心冥想可以讓我們了解眞實的自己。自我理解能力就是正確認識自己，是形成自尊必須的能力。傾聽別人的話可以回顧自己，會發現我也必須努力進行自我覺察和反省。

自我理解是「多元智慧論」中的八種智慧之一，由美國心理學家豪爾·迦納博士提出。多元智慧論是指人類的智慧由語言、空間知覺、邏輯數學能力、肢體運動、人際關係、音樂、自然探索、自我理解八種相互獨立的能力所構成。⑮

各領域成功人士具備的共同點，就是自我理解的智慧，也被稱爲內省智慧，是指能準確掌握自己的狀態、客觀理解自己，並以此爲基礎行動的能力。另外，多元智慧論近年來想把「存在」智慧也納入，指的是像人類存在的理由、生與死、人的本性等，可以進行哲學性、實存性思考的能力。

拋棄自己的靜心冥想，在自我理解後到達的地方不是我心中的世界，而是眞正的世界。哲學、實存性的人生答案也在此，所以每個人都該進行自我反省。

透過靜心冥想提高自我理解力的年輕人

參加靜心冥想課程的學員們雖然相信自己的理解力會提高，但也很好奇實際的數値如何。在Coursera平臺上進行靜心冥想課程時，曾做過自我反省指數問卷調查。將韓國的自我反省指數問卷翻譯成英語，在線上課程開始前及課後分別進行調查，再把結果分析比較。問卷調查內容分爲自我探索、他人探索、自我理解、他人理解四大主題，每一個主題有五個問題，總共二十個問題。⑯

在二〇一五年的調查中，自我理解指數，從靜心冥想前的七十二分提高到靜心冥想後的八十七分。二〇二〇年三月開始，由於新冠疫情的影響，學員激增，統計也達到無法以手動進行的程度。

二〇二一年，我再次針對在二〇一八年四月到二〇二〇年十一月參與課程的學生五百人進行調查。使用名爲「Survery Monkey」的線上問卷調查工具進行處理。結果顯示學生在開始上課前，自我理解指數平均爲七十二分，上完六週課程後平均八十五分。

參考 Coursera 靜心冥想課程的學員大部分是居住在美國、歐洲、印度等英語系國家，年齡在二十～三十多歲。即使不一定要強調多元智慧論，但年輕世代的自我理解提高，未來成功的機率也會提高很多，現在大家也知道靜心冥想可以提高自我理解，喚醒潛在的能力。

反省指數、自我尊重感、對生活的期待感都提高的案例

二〇一七年，我以廣域市某大學一年級全體學生爲對象，在教養講座中實施「靜心冥想」，課後調查自我理解指數從七十分增加到七十八分，他人理解從七十四分增加到八十八分。學生們表示：「生氣時、擔心時、心情不好時、經歷困難時，以往只是被那樣的心態擺布，現在感覺可以脫離，開始理解事件或情緒對我的影響和意義。」

還有人說：「在與別人發生意見衝突時，責怪對方的情況變少了，反而會去想理解對方，找出對彼此有幫助的解決方式、體諒對方，從另一個角度看待衝突。」

這項教養講座由全人教育中心終身教育院進行，我以諮詢委員的身分一起參與。在進行反省指數調查之前，先調查了全校學生的壓力和幸福指數，發現越到高年級幸福指數就越低（一年級六·七，四年級五·八），壓力指數越大（一年級三·〇，四年級三·五）。並詢問若開設靜心冥想講座時是否願意參加，有三四·四%的學生表達有意願。

以調查結果爲基礎，對全體一年級學生進行的教養講座中，開設一堂兩小時的靜心課，爲期三週，共六小時。在第一次上課前，先對上課的學生進行問卷調查，三週後回收問卷。根據課前一千二百四十九名、課後一千零七十三名學生的調查分析結果，自我尊重感從七十四分上升到了八十分。學生們回應：「在靜心課之後，對自己有了更積極的想法。我也有自信能像別人一樣做得很好，對自己感覺比較滿意，覺得自己是一個有價值的人。」

對生活的期待，則使用了主觀性期待的評量標準，以測量目前生活的滿意度是否會延續到未來。結果顯示對生活的期待值，從靜心冥想課前的五十四·三分，增加到六十分。

正如哲學家埃里希·佛洛姆說過，我們也許都帶著他人的期待生活。只有在滿足他人的期待時，才能確信自己的存在。但是透過自我省察可以找出自我的固有特質和自覺，對自己生活的期待自然會提高。沒有什麼比忠實自我的生活能帶給人更大的滿足感了。

靜心冥想的效果六

自我尊重及感恩意識

自我尊重和感恩意識，都是從消除負面心態開始的

感恩只有在幸福的人身上才找得到。具有健康自我意識成長的孩子懂得感恩，這在人性教育中是重要的品德，但教導並不等於會內化。每當看到研究顯示孩子們的變化時，就會深切感受到能回顧心靈的靜心冥想教育是必要的。

二〇一五年的研究顯示了靜心冥想能大大提高孩子的自我尊重感和感恩意識。研究規畫三年級某班的二十二名學生以八週時間，每週三次進行三十分鐘、總共二十四次的靜心冥想，與未進行靜心冥想的對照組，也就是二十四名其他班級的學生比較。

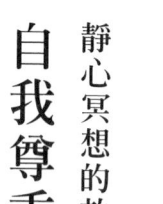

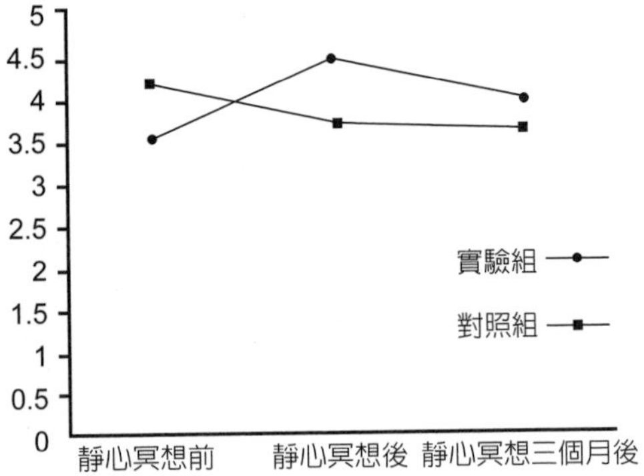

圖3-2　兩組之間自我尊重度的變化

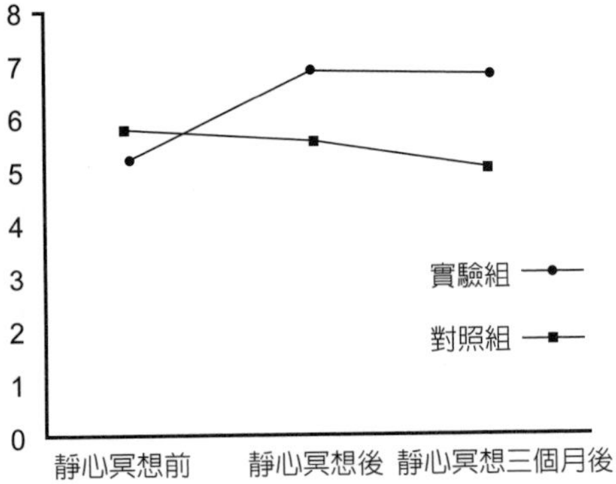

圖3-3　兩組之間感恩意識的變化

實驗組的自我尊重度由三・四八明顯增加到四・四五。換算成分數，以滿分一百分來看，是從六十九・六分上升到八十九分。感恩的意識也從五・二五增加到六・九二（換算成分數爲七十五分上升到九十八・九分）。再經過三個月後調查，雖然實驗組的自我尊重度有些許下滑，但感恩意識仍維持。相反地，對照組在實驗結束後自我尊重度和感恩意識都大幅減少。⑰

靜心冥想

自我理解練習8

自我省察評量標準

以下各要素的分數介於五～二十五分之間，得分越高說明該要素的特徵表現越好。總分範圍從二十分～一百分，得分越高，說明自我省察水準越高。

* 自我探索（第一～五題）：與分析自己的想法、情緒、欲望的原因或因果關係相關的內容。
* 自我理解（第六～十題）：關於理解自己的心情、行動、經驗、採取新觀點的內容。
* 探索他人（第十一～十五題）：關注對方，觀察他人的想法和期待的內容。
* 理解他人（第十六～二十題）：透過理解與對方的矛盾，探索對對方的關懷和解決方法的相關內容。

▷若想了解個人的自我省察程度，請仔細閱讀下頁問題，思考自己平時的行爲並打上分數，最後再合計總分。

絶對不是	通常不是	普通	通常是	絶對是
1	2	3	4	5

來源：《自我省察評量標準開發及自我觀察、自我省察、安全感之間的模式彙集驗證》（二〇一一年），黃柱延的加圖利克大學博士學位論文。

	自我省察評量標準	分數
1	當我生氣時，會想一想為什麼生氣。	
2	我會想了解自己在什麼情況下覺得煩躁。	
3	不安的時候，會回想和以前的什麼經歷有關。	
4	會想知道讓我感到不舒服的經歷具有什麼意義。	
5	生氣的時候，會想我為什麼會做那樣的行動。	
6	對生氣時的心情進行深刻思考，發現自己的另一面。	
7	會去了解我所擔心的事對我有什麼影響。	
8	我會經常思考經歷過的事具有什麼意義。	
9	回想我在心情不好時所做的行為，發現自己未曾想過的期待或恐懼。	
10	經歷過艱難之後，會重新認識自己。	
11	和對方想法不同時，思考如何讓對方接受我的主張。	
12	當對方覺得不滿時，會仔細思考我們之間發生了什麼事。	
13	當與對方意見不同時，會思考對方想要什麼。	
14	與對方發生衝突時，會想知道對方所認為的衝突原因是什麼。	
15	對方感到失望時，會思考我表現出的態度帶給對方什麼意義。	
16	與對方發生意見衝突時，會思考對彼此有幫助的解決方式是什麼。	
17	只要仔細思考對方的行動，就能理解他的心情。	
18	意識到對方也和我一樣有不足的地方，就不會那麼責怪對方了。	
19	即使與對方意見不同，還是會體諒對方。	
20	深入理解與對方的矛盾，會產生不同的想法。	

第四部

…

需要靜心冥想的時刻

日常生活中的靜心冥想計畫

現在是靜心冥想的時代

靜心冥想已經逐漸成爲常態。我在去首爾或其他地方出差的路途中，都會在車上靜心冥想。覺得運動量不足，早上出門散步時也會靜心冥想。剛開始靜心冥想時，也嘗試過在日常生活中靜心冥想，但經常因埋首工作而忘記。現在不管何時何地靜心冥想都感覺很自在，雖然靜心冥想時間很短，但效果卻很大。

二〇〇一年開始接觸靜心冥想後，得知全國各地也有可以用同樣方法進行靜心冥想的地方，感到非常高興，因爲即使回到日常生活，也可以繼續維持。

到我們社區所在的靜心冥想中心一看，大學生、上班族、家庭主婦、老年人等，讓我出乎意料之外，許多人都想要一個可以回顧自己並安靜省察的地方。

如果說工作後的聚餐是日常生活，那麼靜心冥想也漸漸成爲日常的一部分。拋開消極的想法和雜念，即使忙碌也可以很從容，熱衷於我的工作。工作回家後，我會靜心冥想一會兒，回顧今天一天對學生們的心情，回顧與其他教授相處的狀況，回顧今天的工作等，爲這一天畫上句點。

靜心冥想的人也越來越多，靜心冥想中心也增多了。目前在韓國各地就有一百七十多個靜心冥想中心。人們像去補習班或咖啡店一樣自在地前去進行靜心冥想，我深切感受到時代在變化，生活也發生變化。早期靜心冥想給人的印象就像要進入深山，要遠離人群，完全脫離日常生活才能進行。但現在就像吃飯、運動一樣，靜心冥想也應該成爲自然的日常。就像吃了飯我們才有能量做任何事，透過清空心靈的靜心冥想，才能讓自己的生活充滿活力。

海外也有很多地方，可以以放鬆的心態進行靜心冥想。二〇二一年，在五十六個國家的一百二十多處地方，正在進行靜心冥想教育。如果去海外出差，我都會去當地的靜心冥想中心。美國、英國、德國、瑞典、俄羅斯……無論在哪裡與人交談時，都可以從中感覺靜心冥想帶來的感動和變化，這與語言、文化無關，因爲原理和方法是來自同樣的系統。

在海外，我因爲來自韓國而常受到關注，因爲這樣的靜心冥想方式始於韓國，將靜心冥想帶入學校和企業也處於領先的地位。就如同人說韓流「K－POP」，「K—靜心冥想」的時代似乎也來臨了。

靜心冥想需要堅持不懈的耐心，爲了確實進行，最好能接受專家的指導，一起靜心冥想的人的經驗和支持也是很大的力量。

因爲新冠疫情之故，有機會在網路上遇到許多一起靜心冥想的人，突然覺得世界眞的發生了很大的變化。「網路」和「靜心冥想」是以前無法想像的組合。但現在是無論何時何地，任何人都可以靜心冥想的時代，對不同的年齡或職業的人，也有更多機會可以接觸靜心冥想。

學校裡的靜心冥想

靜心冥想不分年紀，任何年齡都可以做到，但年紀越小越好。近來在小學、國中、高中也可以接觸到靜心冥想。以前，對靜心冥想有興趣的老師也曾嘗試帶入社團或課後活動中，不過靜心冥想教室眞正活躍起來，是從二〇一五年韓國政府制定「人性教育振興法」後開始。由於早期教育和入學考試競爭激烈，青少年的壓力問題變得嚴重，因此韓國成爲世界上首個制定了人性教育義務化法律的國家。

一般來說，人性教育是教導「什麼是對，什麼是錯；應該這樣，不應該那樣」，灌輸正確價值觀的教育。但是許多專家一致認爲，靜心冥想才是眞正人性教育的對策。因爲靜心冥想可以讓孩子學會自我判斷喜歡什麼、是非對錯，培養正向生活的內在力量。

從二〇二一年下半年開始，透過線上講座進行了很多活動，許多參加靜心課的孩子表示「對朋友感到抱歉」「心情很舒暢」「謝謝媽媽」等積極心態，透過靜心冥想認識自己並改變自己。

青少年網路靜心冥想營

不僅在學校，青少年還可以參加專爲小學、國中、高中生舉辦的靜心冥想營，從一九九九年開辦以來延續至今。在新冠疫情爆發前，每年暑假和寒假都會在各地的靜心冥想學習中心舉辦，因應疫情，現在也可以在網路進行。

全人教育中心青少年靜心冥想小組，從二〇二二年開始進行「青少年靜心冥想活動in元宇宙」。體驗活動在元宇宙，靜心冥想則透過網路視訊軟體Zoom進行。據了解，網絡靜心冥想營對青少年反而是更熟悉的環境，因此靜心冥想的集中度很高，效果很好。

為老師準備的靜心冥想研習會

還有爲老師準備的靜心冥想研習會。要成爲一個好老師，必須先要回顧自己，調整自己的心態和想法。爲了找尋對孩子們有幫助的人性教育方法，老師們都很踴躍地報名參加。

教師的靜心冥想研習會，是集合了教育學者、靜心冥想專家、精神健康醫學專業醫師、心理學家等，一起經過研究和驗證開發適合教師的研習專案。已經進行二十多年的教師研習現在也可以透過網路，不論在哪裡都可以登錄、進行。透過研習開始靜心冥想的老師們，只要接受一定程度的課程和學校教育研習，就具備了在學校運用靜心冥想方法引導學生，進行人性教育的資格和能力。

迎向新未來的大學生靜心冥想

剛進入大學的學生被稱爲新鮮人，英語叫Freshman。新學期開始，看到大一新生們在校園各角落穿梭，感覺眞的很「Fresh」。對學生來說也是如此。國、高中時期以升學爲目標，在規律的時間表中度過的，進入大學後首次接觸到大學的生活想必覺得很新鮮。但如果只是環境發生變化，心態卻保持不變，在面對和學習新事物時就會遭遇很多困難。據說在成爲大學生後會經歷「精神崩潰三階段」，第一階段是：「怎麼辦？」第二階段是：「我想要什麼？」第三階段：「我是誰？」

進入大學後，與國高中時期不同，很多事情都需要自己決定和選擇。在這個過程中，會去思考該做什麼、怎麼做、什麼是我眞正想要的，會意外遇到自己也不了解自己的衝擊。也有人以爲上了大學會有改變，但沒想到競爭和徬徨仍持續著，因此，要想確立自己的未來人生，就要培養內心的力量。

越來越多大學開始重視靜心冥想對學生的影響，並樂於排入課程之中。若無法開設正規課程，也會以邀請專家開設特別講座的方式進行。最近五年間，全人教育中心在四十所大學以學生及研究生爲對象，根據就業前途、人性教育、人際關係、壓力管理、自尊感、精神健康管理、領導能力、自我開發等主題，量身定作各種靜心冥想的特別講座。

大學靜心冥想營——角落的靜心課

除了學校的安排，學生也可以自行參加靜心冥想營。大學時期必須正視自我省察，於是從二〇〇四年六月開始，靜心冥想專家們每年都會利用寒暑假舉辦靜心冥想營。在二〇二〇年之前這十六年年間的規模最大，共有五千多人次參與。雖然現在調整爲「角落的靜心課」的網路課程，但在網路與實際營隊並沒有太大差異。一位學生說：「因爲是網路課程，反而更容易接觸關於靜心冥想的一切，在人際關係上還是很有幫助。」

教授們的靜心冥想

在大學進行靜心冥想講座時，最常聽到的回饋就是時間太短，感到很遺憾。一週只有一、兩次，一次十五～三十分鐘，雖然時間不長，但重點是必須做、持續做。

大學教授在精神和心理上也承受很大的壓力，除了要好好教授專業知識外，其他教授領先的研究成果、學生人數不足等問題也成爲沉重的負擔。另外，在大學裡學生、教授、職員的摩擦也比較多，如果是寄宿學校，還會有很多其他的狀況。

已經進行靜心冥想的教授們現在定期會在網路上交流，一起靜心冥想，或交換教學經驗和意見。教授們根據各自的專業，將靜心冥想運用在如「抒壓方式」「醫療人員交流」「創傷後障礙及緩和方法」等研究中。另外，也帶入教養或領導能力等課程中，指導學生培養不管是在大學生活、畢業求職、考研究所時必要的心態。

二〇一九年十二月舉辦了「大學教授的靜心冥想營」，這是爲了給引領大學教育的教授們療癒、自省、消除壓力等支持的力量。從二〇二一年開始也改爲在網路上進行。

職場的靜心冥想

上班族最希望擁有提高工作效率的能力、專業技能、舒適的人際關係以及做有價値的事，但這些同時也是他們的壓力來源。無論是不是自己願意，只要無法完成所要求的工作，都會感到壓力，還要承擔因意見對立而產生的矛盾，以及在職場中的人際關係、應對進退等各種心理問題。

大多數的人從二、三十歲陸續開始進入社會工作，可以說大半人生都是在職場度過，和同事相處的時間比家人還多。如果在工作中感受不到幸福，那會是很嚴重的問題。

近來各企業也從「人力資源發展」的角度出發，爲職員進行各種教育。其中，將靜心冥想作爲教育訓練項目的企業，各國都在增加中。二〇〇〇年以來，不僅是谷歌、蘋果、SAP等科技產業代表，其他像高盛、P&G、NIKE等多家知名企業都在辦公室裡設置靜心冥想室。韓國人的壓力全球第一，在壓力管理和力量強化、療癒等項目中，也有很多企業和政府機關引進靜心冥想。

據全人教育中心統計，到目前爲止從三星電子、浦項製鐵、現代汽車、LG

化工、金百利、DB保險、現代百貨集團等大型企業，到韓國水力原子能、住宅城市保證公社、勞動福利工會、首爾消防災難本部、教育廳、法務部、食藥署、勞動部、國民權益委員會等公共企業及政府機關，共有超過三百五十個機構參與「靜心冥想教育」。

舉例來說，以CJ集團旗下的CJ Olive Networks公司的靜心冥想教育成果來看，三天二夜僅十六個小時的靜心冥想訓練，卻能有效減輕壓力（三・四→二・四），提高職務的自信心（四・〇→四・三）、對職務的展望（三・六→三・八）、對同事的信任（三・六→四・一）。⑱

公營企業韓國國土訊息公社則是由勞資合作處主辦，勞資雙方都一起參加了三天二夜的靜心課。雖然宗旨是爲了消除無形中施加給勞方的情緒壓力，但實際上這給了原本是對立關係的勞資雙方之間，一段很眞貴的回顧時間，讓雙方都能站在彼此的立場思考，使職場關係更融洽。

當時我受邀以〈靜心冥想，爲未來溝通與融合的社會做準備〉爲題演講，學員在會後表示：「感覺更有自信，更重要的是學會了凡事應該先考量對方。」雖然只有短短的一句話，但因爲是在現場親耳聽到，覺得非常感動。

為消防員準備的靜心冥想

在災難現場身先士卒的消防員們，爲了救別人的生命而奮不顧身，在精神上、肉體上都承受很大壓力。尤其在現場目睹各種慘狀，消防員常面臨嚴重的心理創傷。因此，首爾消防災難總部、全南消防總部、忠北消防總部、京畿消防學校等單位，都透過靜心冥想進行療癒和壓力管理，這在靜心冥想教育上別具重大意義。

事實上，爲了克服創傷後壓力症候群，許多醫護人員和心理專家也進行各種研究，但都難有顯著進展，整體來說，目前較有效的方法還是靜心冥想。

以下是二〇一九年參加靜心冥想研習，其中一位現任消防員的感想。

▽▽我以爲我沒有創傷後壓力症候群的問題，在各種災難現場看過很多因車禍或其他事故受重傷或死亡的人，我以爲自己可以不在意，但是透過靜心冥想回顧過去，才發現那些事故的印象一直留在我的心底。身爲消防員，最難以承受的是同袍的事故。但是透過靜心冥想把心靈清空後，眞的變得比較平靜。我想，如果消防員都能透過靜心冥想回顧自己，放棄沉重和疲憊的心情，產生積

極的想法，那麼在救災中受傷的危險也會大大減少。

據了解，目前韓國全國消防員有六萬多人（資料來源：《二〇二一年消防廳統計年報》），有相當程度的人因創傷後壓力症候群而飽受痛苦。不僅是消防員，警察、駕駛、醫師也比其他職業更容易有症狀。因此，我更建議從事這些職業的人可以嘗試靜心冥想。最重要的是，希望這些願意為別人犧牲和服務的人們能夠安適自在，不要有任何心理負擔或痛苦。

為醫護人員準備的靜心冥想

健康幸福的生活是每個人的願望，最好不要生病，就算生病了，也希望可以好好面對並戰勝病魔。但人難免有病痛，在經歷病痛的過程中，必然陪伴在身邊的就是醫護人員。他們不僅要照顧患者的身體，還能照顧心靈。因此，醫護人員自身更需要先感到平和、幸福，才能幫助患者。

在經歷過新冠疫情之後，很多人應該對醫護人員覺得感恩。但是治療傷患的他們，罹患創傷後壓力症候群的危險性也很高，據了解醫護人員的壓力指數超乎想像。

二〇一九年三月，以「幸福醫者，照亮世界」為名舉辦首次的醫療人員靜心冥想營，有二十多名各領域的醫護人員參加，大家都有類似的苦惱，一起靜心冥想、一起尋找解決方案。我認為為了醫療人員的幸福，應該要有常設性的靜心冥想活動。

為患者準備的靜心冥想

曾聽說過：「不要奢望病痛消失，不如就與病痛共存吧！」有些人這樣想了之後，在治療上反而效果更好。不管是誰，一生總會經歷大小病痛，如果能有這樣的心態，相信對自己有利無害。

但是一般人從得知患病的那一刻開始，到住院、手術等療程中受到的身心衝擊常常難以治癒。或許生理上的病痛有藥方可治，但因此而產生的憂鬱、不安、失眠等心理症狀也會成為另一種痛苦。因此，許多醫院對癌症及重症患者的心理恢復越來越重視。

全人教育學會特別設立了保健醫療委員會，致力於研究靜心冥想的醫療保健效果。由家庭醫學、精神醫學、生物化學、麻醉疼痛醫學、中醫、整形外科、護理學、牙科等各領域教授和專家組成，而且他們都是會靜心冥想的人。

委員們透過各地區衛生所爲癌症患者、孕婦、失智症患者及家屬舉辦各種靜心冥想活動，也會到各大學醫院進行演講或授課。全國癌症中心、大學醫院及許多醫療相關人士一致認爲這有助於患者和家屬的身心穩定，因此持續支持進行靜心冥想教育。

一位曾參加全北地區癌症中心所舉辦「給癌症患者與家屬的身心療癒——靜心冥想」研習的教授說：「患者和家屬在生與死的邊界上都很辛苦，因此他們會比任何人都認眞地回顧自己的人生。」

實際參加過研習的人紛紛表達感想：「閉上眼睛回顧我的生活，雖然只是一下子，心裡卻感到很舒暢。」「靜心冥想後讓我產生了想努力克服困境的決心。」「過去我好像對家人予取予求，現在我希望可以讓家人感到安心。」透過靜心冥想，每個人的心境都產生了積極的變化。

防範並克服災難的靜心冥想

防患未然

我在靜心冥想後生活發生很大的變化，不僅是日常生活，對之前研究的領域也改變了心態。我開始看到周圍的事物，也看到了我能做更多的事，即使很小，也希望可以對世界有幫助。

從原本直升機和無人機的專業領域出發，我開始關注救災及安全。技術的發展固然重要，但無論何時都要與安全同步。對那些遭遇災難產生創傷的人們感到非常惋惜，如果能正確理解並拋棄過去的心，縱使不幸遭遇災難，也能知道如何擺脫痛苦，重回健康平和的生活。很多災難的發生原因主要都是人爲因素，我認爲可以透過靜心冥想改善這個問題。

災難的人為因素與系統性問題

記得二〇一四年四月的世越號沉沒事件，爲許多人帶來無法承受的悲傷和痛苦，大家都希望這樣的災難不要再重演。當時KAIST的一位教授向全體教授發送「關於災難，KAIST可以做些什麼？」的郵件，得到許多回應，集結了六十多名各領域的教授討論，我也是其中之一。

二〇一四年十月成立了「KAIST災難學研究所」，透過科學技術融合教育，很開心可以共同爲社會災難和後續悲傷情緒尋找解決方案。

同年十二月舉行了災難學論壇，發起人尹完哲教授簡略地表示：「災難事故的原因有七〇～九〇%是人爲因素。這應該視爲查明事故原因的診斷起點⑲。」

還有對反覆發生的人禍，不應該把個人視爲罪犯，而是犧牲者。也就是說，災難是系統性問題。尹教授強調，要從結構上尋找造成高失誤率的要素。

旋轉翼事故的主要原因是認知錯誤

二〇一二年確定了直升機事故和人爲因素的認知錯誤有關。曾是第一屆亞洲・澳大利亞旋轉翼論壇大會會長的我，向駐韓美軍第二旅旅長提出公開美國陸軍直升機事故數據的要求。他親自提供了二〇〇二年至二〇一二年十年間的數據[20]，據資料顯示，阿帕契攻擊型直升機平常的損失，比在戰時多出五倍左右。事故原因中最大的人爲要素，就是美國陸軍資深飛行員的「過度自信」。

二〇一三年，在KAIST召開安全研討會，我邀請了駐韓美軍航空處長[21]，其發表的內容令人震驚：在一九七二年至二〇一〇年之間發生的美軍直升機致命的A級事故中，五五%是飛行員之間的「溝通」問題。

透過靜心冥想，可以減少人為因素引發的事故

美國NASA在航空領域的首要任務就是預防飛機失事。特別是在人口密集的機場附近，若起降時發生事故，將是影響甚大的災難。飛機失事可依原因分爲氣象

事故、機械事故和人爲事故。

爲了減少事故發生，全世界都做了很多努力。而在飛機事故中，比起機體缺陷問題，飛行員等人爲因素占全體事故的七〇～八〇％。

美國、歐洲、韓國都一樣，爲了減少因人爲因素而發生的事故，動員各種尖端裝備協助人員操作，但是因人而引起的問題並未減少。雖然分析了很多事故的數據，但仍很難找到減少人爲因素的根本對策。

這是因爲人的心理和行爲很難預測，飛行員、維修師、管制員之間缺乏溝通也是原因之一，還有組織文化的影響也扮演重要角色。㉒

靜心冥想可以降低事故的人爲因素，因爲可以讓人穩定情緒。軍方的飛行員，尤其是直升機飛行員在整個飛行時間都必須集中精神，但過多的念頭會降低專注力。

像直升機一樣的旋轉翼航空器，事故率比普通客機或戰鬥機那種固定翼的航空器更高，如果透過靜心冥想藉以提高專注力，相信可以有效降低事故的發生。

只要遭遇一次事故，就很有可能致命。因此人也跟機體一樣，要預先觀察、準備、檢查、預防。只有這樣，引發事故的人爲因素才能減少。而在內心的我，只有自己能看見，所以我們必須回顧自我，才能看見、消除，並加以預防。

溝通與融合的靜心冥想

透過靜心冥想融合

眾所周知，知名畫家達文西同時也是雕刻家、發明家、建築師、解剖學家、地理學家、音樂家。從古希臘到近代，許多優秀的哲學家同時也是數學家。自十九世紀細分了所有學科以來，現代科學再次提出「融合」的思維。電腦就是其中的代表，因此以電腦爲主的企業自然也強調融合。二〇一一年，谷歌公司六千名新進職員中，有五千人是人文相關科系畢業的，現今的韓國社會也積極強調融合。

溝通和融合並不是件容易的事情，但現在這個時代需要溝通和融合。如果不將自己「重設」爲懂得傾聽、懂得合作、懂得分享的人，那麼反烏托邦的世界就很有可能成眞。我相信人可以透過拋棄過去來改變，無論生活在哪個世界都不是虛擬世界，我們都可以不失去現實感，可以重新振作精神踏實生活。就像原本不懂傾聽、對別人的想法漠不關心、不喜歡與人共事的我也改變了，所以任何人只要拋棄過去的自己，一定會改變。

旋轉翼領域也必須融合

當了三十多年的理工學者，雖然一直在教授和研究旋轉翼航空器，但今後多了許多該做的工作和課題。

第四次工業革命的關鍵詞是自駕系統，包括自駕車、無人機和無人計程車都正被熱烈討論中。有人預測，無人機的時代會比自駕車來得更快。我在大學時期，每天要往返四小時坐車從家裡到學校，當時我就常幻想或許有一天可以坐直升機通學，而這種想法現在正逐漸成爲現實。

無人直升機或無人機雖然會自動飛行，但仍需不斷與地面進行通信，由地面控制才能安心飛行，而這個領域眞正需要的是融合和溝通。但在日常生活中就很難溝通了，專業領域更難。累積了三十年的知識，另外還需要三十年的技術，但這並不是件容易的事，本身的領域競爭就很激烈了，如果再花時間去融合，會產生可能被超越的危機感，這讓我猶豫是不是應該守護好自己原本的領域就好。

先打個比方。想把鐵和鐵焊接在一起，需要強大的焊接機，但在焊接之前，必須先清除鐵的表面，這樣焊接起來才會堅固。同樣的道理，若要想融合，在我的領域也要先做好準備，才能使融合變得更好。所以我應該抽出時間傾聽其他領域的意見，同時也可以向別人說明自己的專業技術，這就需要溝通。只有別人了解我的領域，才能實現眞正的融合。如果覺得自己的知識很豐富，就不會去傾聽別人的話，也無法讓別人理解自己的想法。唯有透過溝通的融合，才會有結實堅固的成品。

為未來而準備所必需的溝通與融合

先回顧自己知道的並拋棄，才能以謙遜的心傾聽別人的話。

某次爲了申請專利，我拜訪專利領域的專家。在說明我想申請專利的技術時，他拿出相機錄影，我問他是否非得錄下來，他表示：「現在說明聽起來都能理解，但有可能事後回想會有些誤解，如果不錄影就無法還原，那就成了各說各話了。」他說得沒錯。說的當下好像都懂，但事實上常常是有聽沒有懂。簡單的事都可能會被誤解，彼此不熟悉的領域更是如此。

我深切地感受到，要想讓機器運轉良好，就必須與別人溝通和融合。透過靜心冥想回顧自己，拋棄無謂的擔心、消極的想法和偏見，才能聽清楚及理解別人的故事，也才能好好說明自己的故事。一次溝通不成，就多做幾次，彼此也需要互相忍耐和體諒。溝通和融合將成爲未來的主角，也就是年輕一輩的寶貴品德。現在就爲此做準備的人，未來一定可以取得成功。

新冠疫情與第四次工業革命時代的靜心冥想

新型病毒告訴我們的事實

在新冠疫情爆發初期，人們還期待很快就會結束，沒想到演變成大流行兩年以上。在宣布「與病毒共存」後一個月內，新的病毒株出現、傳播，成爲新一波流行。人類面臨巨大的考驗，曾犯過愚蠢的錯誤，也克服過難關，不管樂觀還是悲觀似乎都無能爲力。這時的我們應該要傾聽災難的訊息，回顧自己，尋找應該做的事。疫情時代對我們的啓發，或許是找回謙虛。

因爲新冠疫情大流行，也突顯了有關生與死的根本問題。全世界因病毒累計死亡人數超過五百五十萬人，至今仍在持續增加中，等於是首爾市的人口消失了一半。每天看到人的生命像蟲子一樣脆弱地結束，常常一夜之間什麼都變了。封鎖、隔離，不知未來會變成什麼樣子，每個人都經歷了新冠病毒帶來的恐懼。隨著憂鬱症的廣泛擴散，我們看到了人類對外部衝擊的抵抗力有多弱，也知道人在生死議題前多麼無防備。

封鎖措施、自我隔離、維持社交距離、居家辦公等，讓人們回到獨自一人的世界。也許正因爲如此，自疫情大流行之後，與靜心冥想相關的搜索也大爲增加，加入靜心冥想的人也增加了。從整個社會來看，除了個人的專業性外，似乎已經到了沒有危機管理和自我管理能力就很難生活的時代，現在與任何時代相比，對自我省察和靜心冥想的需求越來越高。

共存的價値

作家雷貝嘉・索爾尼說：「巨大的災難使舊社會秩序無法運轉。但人類不會成爲失敗者，而是會實現新的社會，這就是災難烏托邦。」㉓巨大的災難要求人類和教育必須符合新的時代，正如世界經濟論壇執行董事長克勞斯・施瓦布博士所說，現在是需要重設的時代。

無論是再次封鎖國境還是與病毒共存，現在人類應該了解共存的價值，並共同實踐。戴好口罩既是保護他人也是保護自己；保持社交距離也是保護自己與他人；幫助社會弱勢族群就是幫助自己，因爲大家同在一條船上，把自己的船艙布置得再漂亮，船沉沒了又有什麼用。

共存的價值不是用口號就能實現，從不互相幫助的我們要變成可以提供幫助的人；不曾共同生活的我們要學會一起生活。靜心冥想也是爲了個人的幸福和安寧，要了解我的幸福與你的幸福沒有區別，從我開始改變，共同實踐才是有意義的靜心冥想。

爲此，首先要拋棄各自的偏見、固執和欲望——也就是各自的心靈世界。人類因愚蠢而造成禍害的例子不勝枚舉。恢復人的道德性、具備智慧的努力是不能拖延的共同課題。

很明顯這是屬於人類的領域，人工智慧科技做不到。現今比任何時代都要明確，這就是人類必須自我理解的原因。靜心冥想熱潮興起或許也是時代的需求，現在唯一的希望還是人類，透過新冠疫情讓這一點更明確了。

第四次工業革命的核心是人心

第一次工業革命以鐵路建設和蒸汽機的發明爲基礎，開啓機械生產蓬勃發展；第二次工業革命因電力和工廠生產線的出現，讓大量生產成爲可能；第三次工業革命又稱「資訊革命」或「數位革命」。

若說第一～三次工業革命是各自獨立的技術革命，那麼第四次工業革命就是以多種領域的尖端技術融合形式出現的革命。因此，「創新」將比之前的任何一次技術革命都更具破壞性，且以無法預測的形式出現，或者該說已經出現了。重要的是，如果新時代的目的性和方向性不明確，工業革命後經歷的不平等和人性喪失以及疏離可能會進一步最大化。

若說第一～三次工業革命是機器代替了人類的身體，那麼第四次工業革命則是機器代替了人類的大腦。以數位革命爲基礎的第四次工業革命，與二十一世紀的開始同時出現。火星探測、大空旅行、無人機開發等航太領域已經起步，現在其擴散速度之快已無法計算。

施瓦布博士認爲我們應該認眞思考，「第四次工業革命將引領我們走向何方，我們又應該如何全力準備。」而且由於第四次工業革命帶來強大的機會，同樣的，出現的問題也複雜且沉重。

誰都不希望第四次工業革命會引起不平等、混亂、環境破壞或降低人類價值，而是應該要以人為本，這就是為何在代表第四次工業革命的尖端技術之前，必須明確提出「為什麼」「有何目的」的提問與答案。即使將來比現在發達好幾倍，這仍應該是重要的問題，不應為了技術而發展技術，也不是為了科學而研究科學，應該是一場為了人類的革命。

第四次工業革命的前提是探索心靈

第四次工業革命過程中發生的問題可能是人類自找的。施瓦布博士為第四次工業革命的成功提出需具備四個條件。㉔

第一，邏輯智慧。這是超越個人信念和理念的整體能力。**第二，情緒智慧**。必須善於凝聚大眾的情緒，超越自我情緒才可能實現。**第三，靈感智慧**。這是不斷探索意義和目的，發展共同目標的能力；是拋棄過去，脫離以自我為中心的意識後自然而然產生的能力。**第四，身體智慧**。個人健康和幸福是引領變革的基本能力。在四個條件中沒有一個是容易達成的，但是心理問題要先解決才能發展其他可能，這一點很明確。

《超智慧》一書的作者尼克·伯斯特隆姆表示：「等到人工智慧在技術上達到成熟階段時，才想到要面對『人類是什麼？』的根本性問題已經太晚了。」㉕

爲了第四次工業革命和即將到來的新時代，必須同時努力改革人類的認知。Z世代是更熟悉虛擬現實的一代，這一代將創造的文化是什麼無法預測，因此也不知道該教什麼、告訴他們什麼。但可以肯定的是，無論是什麼都可以透過教育實現。雖然從人開始，但離開人類本質的漫長歷史潮流必會重新回到人身上。

現在應該超越人類的身體和大腦，探索心靈。若能改變心，就能成功引領無法預測的第四次工業革命。我認爲這種意識革命，即心靈革命，應該透過教育來實現。不是像現在這樣累積和增加知識的教育，而是從物質文明中恢復喪失的人類本性的教育。

Coursera的線上靜心課

Coursera的靜心冥想講座

Coursera是大規模開放型的線上教育平臺。我從二〇一五年十二月開始開設了名爲〈人類完成工程的自我反思〉的講座，二〇一八年改爲〈靜心冥想：實現人生目標的方法〉。到目前爲止共有超過二十五萬人次造訪，實際報名上課的有近十萬人。

新冠疫情大流行後，學員激增近二十倍。剛開始以爲「這世界上有很多人對靜心冥想很有興趣啊」，但是隨著人數逐漸增加，開始切身感受到人們的迫切。即使透過網路授課，無法面對面，人們還是想尋找可以安心的地方。同時我還收到很多感謝的郵件，表示「感謝在痛苦中迫切需要幫助之際，分享療癒的方法」。

雖然是在網上授課，但是透過 Zoom 軟體與學員們視訊討論時也非常開心。靜心冥想之後，過了一週又一週，每當看到那些逐漸變得開朗的臉龐時，就會覺得有成就感和喜悅。我因為疫情關係，不得不中斷以往一年去好幾次瑞典、德國等地的出差行程，但也因此多了許多靜心冥想的時間。

靜心冥想無國界

我的講座被分類在哲學和自我開發，學員以二十～三十歲最多。其中十八～二十四歲占一五%，二十五～三十四歲占四十%，三十五～四十四歲占二四%，四十五～五十四歲占一二%，五十五歲以上占九%。因為是用英語授課，所以學員多為英語系國家，以美國最多，其次依序為加拿大、英國、印度。偶爾會有居住在海外的韓國學員註冊，他們對這個靜心課由韓國老師授課表示特別驚訝和高興。

為期六週的課程由靜心冥想原理和自我回顧、對自我和世界的理解、回憶人生照片等單元組成。講義中還談到了電影《駭客任務》、東西方哲學、心理學和腦科學。特別是與韓國腦科學家申熙燮博士的對話影片，獲得學員廣大的迴響。課程從第二週開始，分別以五個主題進行回顧，即財富、愛情、名譽、家庭、自尊。學員回饋表示：「回顧自己，特別能夠幫助我客觀地看待與親近的人的關係，光是這樣就能釐清問題的頭緒。」

▽▽這是幫助我成長和前進非常有用的講座。上完課之後，原本有的負面情緒減少了很多。我現在知道自己問題的根源是什麼，也知道該如何解決。最近眞的感覺很幸福，謝謝。我想繼續自我回顧之旅，不管在什麼情況或日常生活中都能擁有幸福美好的瞬間。（MYJ）

▽▽進行自我回顧後，我開始感受到了效果，心情平和，不安的想法消失了，令人愉悅的情緒變得更大。我成爲活在當下，平靜幸福的人。人生第一次感到如此幸福。（DAC）

學員中有在心理學領域工作的人，也有靜心冥想專家。另外，有美國的警察提出希望多多宣導靜心冥想的回饋，也有小學老師諮詢適合在學校放學後傳授靜心冥想課程的方法。

▽▽我住在美國加州。在聽過講座內容後，我強烈建議靜心冥想應該成爲警察訓練的一部分。看新聞就會知道我爲什麼這麼說，因爲美國警察對待有色人種時，腦中有很多負面、不眞實的照片，所以才會經常發生問題。（MY）

▽▽每個人都應該要聽這個靜心課，對各自的生活負責。我希望可以多宣導靜心冥想，我從來不知道這麼有效、這麼簡單的方法。過去雖然也做過其他形式的靜心冥想，但是對於去除心中的一切一直很難理解。現在透過這個課程，讓我度過人生中最幸福的日子。如果有很多人都使用這種方法得到療癒，不知道會有多棒？眞的感覺世界會變得更美好，我想對經歷過靜心冥想的人們道賀。（BRI）

每當收到這些學員的回饋，我都會一再感到驚訝。對我來說，靜心冥想已經成爲生活，它的效果和變化太理所當然了。但學員們經由幾週的網路課程就能有這些改變，足以證明其效果有多麼明確且普及。

看到學員們的變化令我感到高興，同時讓我思考，首先，我是不是把靜心冥想塑造成沒有人傳授，自己就可以進行的行爲？如果是這樣，可能反而會讓人無法持續，因爲無法更進一步，永遠只在基本階段徘徊，很容易就放棄。這樣反而只會儲存很多做過靜心冥想的照片，那還不如不要開始比較好。在Coursera線上講座中，爲了讓更多人理解靜心冥想的意義和方法，提供的是非常基本的體驗，因此建議一定要接受靜心冥想專家的指導。

第二，看到那麼多學員向我表達感謝，我回顧自己。開設這個講座只是爲了分享一直以來對我幫助很大的靜心冥想，並讓更多人知道靜心冥想的重要性。講座的核心應該是靜心冥想的方法，我所傳達的只是學到的內容中極小一部分，我不該得到那麼多感謝，如果他們可以到靜心冥想中心好好接受進一步的指導會更好。因爲一直持續靜心冥想，所以能時時回顧自己，拋棄過往，我覺得非常幸運也很感恩。

六十歲的全新挑戰

看到某人的生活產生變化，可以給人帶來希望。多虧了Coursera講座，我看到學員的變化爲他們帶來多大的希望，同時也讓我重新感受靜心冥想的力量。在經歷疫情之後，人們似乎正在渴望這種變化。

由於疫情的影響，不僅是我的講座，Coursera平臺也得到更大的發展。因爲大家都避免面對面接觸，個人、企業和公家機關也轉而在網路上進行各種教育訓練。

二〇一二年成立的Coursera是世界最大規模的線上講座平臺，全世界許多大學都利用此平臺授課。以二〇二〇年末爲基準，線上聽課人次已達七千七百萬。參與授課的有約翰霍普金斯大學、史丹佛大學、耶魯大學、哥倫比亞大學、倫敦大學、東京大學、上海大學等全球一百五十多所大學，還有谷歌、高盛等企業也利用此平臺進行講座。修讀大學課程達一定程度，甚至還可以獲得學位。Coursera是人工智慧領域的世界級學者，史丹佛大學教授吳恩達和達芙妮·科勒教授所創，宗旨是任何人都應該接受終身教育。

KAIST與Coursera平臺於二〇一三年簽訂協議，學校方面向教授發表了開設講座申請相關的公告，以複合科目優先。靜心課就是是將工學和靜心冥想相結合的複合講座。

在Coursera開設講座期間，還受到包括臺灣新竹教育大學在內的多所國外大學邀請，瑞典皇家理工大學、德國普朗克研究所、葡萄牙里斯本大學等也都表達關注。大部分都是理工爲主的大學，雖然交流時間有限，但過程都很愉快且有意義。

偶爾也會被問到：「身爲理工學者，怎麼會開設哲學講座呢？」我都會回答說：「因爲靜心冥想。」能夠在Coursera平臺上企畫、籌備和執行講座，就是我在靜心冥想後變化的面貌。

如果是以前的我根本不可能做到。我除了一直以來熟悉的專業領域，完全沒有想過涉足其他領域。雖然在KAIST開了靜心冥想課程，但在Coursera開課對我來說是完全不同層面的挑戰，那時我已經六十歲了。

準備講座不是一個人可以完成的事，關於內容，我尋求相關單位和靜心冥想專家的協助，另外還諮詢了各領域的專家。加上英語授課，所以不斷地接受指導，以求能流暢地表達。內容製作、拍攝等工作則是KAIST的學生們幫忙完成。

在開設講座之前，採訪、拍攝、編輯等各方面眞的得到許多人的幫助，透過籌備過程，我學會如何與人合作，明白了世界上沒有什麼事是可以只靠自己一個人就能完成的。合作可以做得更好，同時大家一起度過的時光是珍貴且美好的。

世界瞬息萬變，人無法獨自生活，也不是只要聰明就什麼事都做得到。如果凡事堅持自我主張，心裡充滿了稜角，生活就無法和諧。一起經歷過疫情之後，生活在地球村的每個人都有了相同的課題。

現在的生活很滿意，但誰也不知道明天會怎麼樣。未來是不確定的，要如何才能擁有在任何情況下都不會氣餒、不被羈絆的心？怎樣才能在困境中尋找幸福、在劇變的時代和諧地生活呢？

如果能夠拋棄自己的心，拋棄對尚未到來的新時代的不安、拋棄過往的思考模式和固執己見，那麼無論面對什麼樣的世界都能擁有自信。在這樣的基礎上，若能尊重和包容不同的經驗，就能產生最佳的協同效應，這就是融合。

現在是溝通、共鳴和共存的價值，比任何時候都重要的時代。我相信，懂得回顧自己、放空心靈的人將主導新時代。

若想更進一步了解 Coursera 線上靜心課，可以直接登錄 Coursera 網站聽課。（www.coursera.org）

〈後記〉

一切從自我回顧開始

因爲寫這本書，所以也藉機經常回顧自己。幸虧有靜心冥想的方法，讓像我這樣呆板的人也能做到，只要有心。我再次明白，能夠回顧並拋棄過去的我是多麼值得感謝的事。曾經因爲太容易就學會，所以不了解價值。

寫文章很難，寫關於靜心冥想的文章更難。爲了寫一句，我必須回顧自己；爲了寫一句，我必須回顧在KAIST與學生共度的時間。若要暴露我的缺點，就要把「我」拋棄；爲了不忘初心，就必須非常努力。雖然想寫出眞正有幫助的文章，但是我相信自己還是有很多不足之處。

我隨時都存著一顆感恩的心，謝謝那些欣然給予幫助的人，謝謝協助授課的教授們，也謝謝當時一起上課的學生們。另外，也謝謝已經畢業，仍應允我節錄他們在大學時期所寫的課後感的學生們。爲了讓塵封許久的課程再度問世，花了一些時間整理原稿，感謝出版社的耐心等待。寫這本書得到很多人的幫助和鼓勵，也讓我再次體會沒有什麼事是可以自己獨立完成的，這是一段珍貴的時間。

在靜心冥想的過程中，剛開始拋棄了心，發現生活發生了變化，感到很幸福。但是在生活中總會認識新朋友，也會發生不樂見的事，每天都會有新的課題。每當這種時候，靜心冥想就成了我的指南針。感謝靜心冥想讓我能回顧自己、拋棄自己，一點一點地變新。靜心冥想的時間越久，感覺自己的實力越穩固，只要努力，問題就會得到解決，是這種不動搖的信任支撐著我。生活雖有難關，但我不受挫折，因爲沒有虛幻的期待，過著現實、平凡的生活就很自在。現在的我仍在靜心冥想，並一點一滴地學習。

一行一行寫下來，只有一個願望，希望更多人可以學習回顧自己的生活。當你拋棄了自己的內心世界，就會知道人生是多麼難得和珍貴。了解自己人生價值的第一步就是回顧自己。

最後，謹向引領我脫離自我、步上眞誠的爲人師者之路的宇明老師，致上深深的謝意。

參考資料

第一部　KAIST的靜心課：我人生的轉折點

第一堂課——定義「心靈」

① 圖片來源：John D. Anderson Jr, Introduction to Flight, McGraw-Hill Book Company, 1989,pp.340-360.

第四堂課——改變我人生的靜心冥想

② 冥想網站：https://trueselfclass.com

第六堂課——哲學與靜心冥想的相遇

③ Morley, E. J., Edward Young's Conjectures on Original Composition, Longman Green & Co, 1918.

④ 康德（Immanuel Kant）：《純粹理性批判》（*Kritik der reinen Vernunft*），2016。

⑤ 叔本華（Arthur Schopenhauer）：《作為意志和表象的世界》（*Die Welt als Wille und Vorstellung*），2019。

⑥ 維根斯坦（Ludwig Wittgenstein）：《邏輯哲學論》（*Tractatus Logico-philosophicus*），2016。

⑦ Clark, A., “Whatever next? Predictive brains, situated agents, and the future of cognitive science”, Behavioral and Brain Sciences, 36(3), 2013, pp.181-204.

第七堂課——腦科學與靜心冥想

⑧ Julie Tseng & Jordan Poppenk, “Brain, meta-state transitions demarcate thoughts across task contexts exposing the mental noise of trait neuroticism”, Nature Communications, 11(1),2020.

⑨ 馬文・明斯基（Marvin Lee Minsky）：《心智社會》（*Society of Mind*）／Simom & Schuster，1988。

⑩ 白宏才：〈透過腦科學看心靈冥想的方法〉——《全人教育學會期刊》Vol.8,2018,pp.193-204.

⑪ Koch, Christof, “The Brain of Buddha”, Scientific American Mind, July/August, 2013, pp.28-31.

第三部　靜心冥想的科學效果

靜心冥想的效果1——幸福

⑫ 塔爾・班夏哈（Tal Ben-Shahar）：《更快樂》（*Happier:Learn the Secrets to Daily Joy and Lasting Fulfillment*），2014。

靜心冥想的效果三——腦波的變化

⑬ Hanslmayr, S. Klimesch, W. Sauseng, P. Grubeer, W. Doppelmayr, M. Freunberger, R. Pecherstorfer, T., "Visual discrimination performance is related to decreased alpha amplitude but increased phase locking", Neuroscience Letters, 375(1), 2005,pp. 64-68.

靜心冥想的效果四——減少認知偏誤

⑭ 李尚英：《韓國國民的健康形態和精神習慣現狀與政策應對》／韓國保健社會研究院，2016。

靜心冥想的效果五——自我理解和省察

⑮ 豪爾．迦納（Howard Gardner）《多元智能》（*Multiple Intelligences：New Horizons*），2007。

⑯ 黃柱延（博士學位論文）：《自我省察評量標準開發及自我觀察、自我省察、安全感之間的模式彙集驗證》／加圖利克大學，2011。

靜心冥想的效果六——自我尊重及感恩意識

⑰ 圖表來源：劉陽景：〈以學校為基礎的心靈冥想對小學生的自我尊重感及感恩性格的影響〉——《兒童教育》／韓國兒童教育學會期刊25期2號，2016，pp.87-118.

第四部 需要靜心冥想的時刻

日常生活中的靜心冥想計畫

⑱ 五點評量工具：張世進：社會心理問題／研究小組：乙支大學醫學院護理系崔恩熙教授，2010。

防範並克服災難的靜心冥想

⑲ 朴希京：《災難與社會責任——建立安心的社會》／ＫＡＩＳＴ災難學研究所，2016, p.66。

⑳ James T. Barker, "United States Army Aviation Safety", Invited Paper in Session (C-II) Affordability, 1st Asia/Australia Rotorcraft Forum & Exhibition, February, 2012.

㉑ McCutchen, B., "United States Army Aviation Accident Prevention"／ＫＡＩＳＴ直升機事故現狀分析及預防對策研討會，2013。

㉒ EHEST, "EHEST Analysis of 2000-2005 European Helicopter Accidents", EHEST（The European Helicopter Safety Team）Final Report, 2010.

新冠疫情與第四次工業革命時代的靜心冥想

㉓ 雷貝嘉・索爾尼（Rebecca Solnit）：《地獄裡打造的天堂》（*A Paradise Built in Hell*），2012。

㉔ 克勞斯・施瓦布（Klaus Schwab）：《第四次工業革命》（*The Fourth Industrial Revolution*），2016。

㉕ 尼克・博斯特羅姆（Nick Bostrom）：《超智慧》（*Superintelligence*），2017。

請掃描左方QRcode，
參閱更多靜心課的相關訊息。

國家圖書館出版品預行編目資料

寫給年輕人的靜心課：超速高壓時代，拯救無數學子的安靜力量／李德柱（이덕주）著；馮燕珠 譯 . -- 初版 .
-- 台北市：方智出版社股份有限公司，2024.6
224面；14.8×20.8公分 --（方智好讀；172）
譯自：카이스트 명상 수업:카이스트 학생들의 마음을 재건해준 명강의
ISBN 978-986-175-798-8（平裝）
1.CST：靈修 2.CST：生活指導
192.1 113005071

Eurasian Publishing Group 圓神出版事業機構 用心與你對話．視野無限寬廣
方智出版社 Fine Press

www.booklife.com.tw reader@mail.eurasian.com.tw

方智好讀 172

寫給年輕人的靜心課：
超速高壓時代，拯救無數學子的安靜力量

作　　者／李德柱（이덕주）
譯　　者／馮燕珠
發 行 人／簡志忠
出 版 者／方智出版社股份有限公司
地　　址／臺北市南京東路四段50號6樓之1
電　　話／（02）2579-6600．2579-8800．2570-3939
傳　　真／（02）2579-0338．2577-3220．2570-3636
副 社 長／陳秋月
副總編輯／賴良珠
主　　編／黃淑雲
責任編輯／林振宏
校　　對／林振宏．林雅萩
美術編輯／林韋伶
行銷企畫／陳禹伶．蔡謹竹
印務統籌／劉鳳剛．高榮祥
監　　印／高榮祥
排　　版／杜易蓉
經 銷 商／叩應股份有限公司
郵撥帳號／18707239
法律顧問／圓神出版事業機構法律顧問　蕭雄淋律師
印　　刷／祥峰印刷廠
2024年6月　初版

카이스트 명상 수업：카이스트 학생들의 마음을 재건해준 명강의

定價350元　ISBN 978-986-175-798-8　